脳科学者
茂木健一郎の
人生相談

MOGI KENICHIRO

茂木健一郎

まえがき

人生の悩みというものは、誰にでもある。避けることができない。最大の理由は、みんなが、人生を生きるのは初めてで、一度きりだからだという点にある。

生まれたとき、私たちはこの世の中のことをほとんど知らない。人間の脳は、新しいことが大好きだ。だから、何もわからないこの世の中で生きていくことを楽しみとして、懸命に育っていく。そこに、人生の本質がある。「初めて」は、よろこびの源であると同時に、不安のきっかけでもある。時には、どのように生きればいいのか途方に暮れることもある。仕方がない。何しろ、人生を生きるのは、初めてなのだから。

人間の脳の中には、ドーパミンという物質がある。初めてのことに向き合うとき、何かがうまくいったり、思わぬ出会いがあったりすると、ドーパミンが放出される。そして、脳は一つ成長の階段を上る。神経回路網が発達して、今までにできないことができたり、新しいものの見方を獲得したりするのだ。

初めてのことに出会わなければ、ドーパミンも出ない。ドーパミンが出なければ、脳の成長もない。初めてのことに向き合うことは、不安でもあるし、失敗もする。しかし、だからこそ、生きる甲斐《かい》もあるのだ。たった一度の人生。たくさんの「初めて」と出会って、大いにドーパミンを出そうではないか。

みなさんから寄せられるさまざまな「人生相談」に向き合うとき、脳科学者としての本領が試される思いがした。それぞれの悩みは切実である。一人ひとりの個性が際立つと同時に、人間にとって普遍的な課題もある。それらの問題に、脳という視点を背景にしつつ、どう切り込むか。時にはしんどく、いつも愉《たの》しい取り組みであった。

インターネットなどの発達により、人類の文明はその相貌《そうぼう》を一変させつつある。その一方で、古くから変わらない悩みもある。出会い、別れ、行き違い、共感。人間が人間である以上、人生で大切なものは、そんなに変わるわけではない。

たとえば、他人との関係。人と人が出会うことこそが、この世界における最大のよろこびであり、また悩みの源泉である。他人との関係は、ストレスのもとになる。だからといって、やめるわけにはいかない。では、どうすればいいか? 他人の心は、自分の思うようにはいかないということで、「あきらめる」ことが肝心であろう。自分のコントロールできる範囲は、ベストを尽くす。コントロールできないことは、あきらめる。この、ストレス軽減の黄金律が、他人との関係についてもいえる。

自分の個性をどうとらえるかは、人間関係における最大の悩みの一つである。「私は変人なんです」という人は、実は変わっていない。本当の変人は、自分にとっては当たり前のことをやっているのだが、それが周囲には奇異に映る。しかし、それが個性なのだから、大切にしなければならない。

自分の個性を知るためにも、他者と向き合わなければならない。前頭葉にあって、鏡のように働く「ミラーニューロン」と呼ばれる神経細胞の働きを通して、自分と他人を映し合って、初めて自分の個性がわかる。人は、最初から個性を持つのではない。他人と出会うことで、磨かれ、個性が育っていくのである。

脳科学の立場から、人生のさまざまな悩みについて、言えることはたくさんある。その一方で、脳科学が発達すれば、人生の悩みがすべて消えてしまう、というわけではもちろんない。

人生における悩みとは、その人自身のあり方にかかわるものだから、実は大切な気付きのきっかけでもあるのである。みんなで、それぞれの悩みを持ち寄って、見比べてみればよい。他人の悩みに共感したり、あるいは参考になるということはあるかもしれないが、別れるときには、結局、それぞれの悩みを持ち帰って、人生を生き続けることになるだろう。

悩みは、向き合えばそれだけのよろこびの源にもなる。たった一度の人生。自分の悩みを大切に抱いて、希望をもって毎日を生きていきたい。

茂木健一郎

本書は、月刊誌『第三文明』連載「茂木健一郎の人生問答――大樹のように」（二〇一一年七月〜一三年一月号、一三年三月〜八月号）に改題・訂正を加え、「まえがき」を書き下ろしたものです。なお質問者の年齢は掲載時のままとしました。

目次

挿絵のキャラクターについて

本書内にたびたび登場する「ぶた」のお名前は、「Ｐちゃん」です。画家・植田工さんによる創作キャラクター。悩み多き「Ｐちゃん」を、どうぞよろしくお願いいたします。

パラパラ漫画について

本文左ページ下に、茂木健一郎さんが毎朝実践している創作エクササイズ「茂木ダンス」をモチーフとしたパラパラ漫画を付けました。お楽しみください。

相談1

科学的知識は人生に必要か

東日本大震災後、科学というものはとっても大切だと感じました。ただ、自分自身におきかえて、日常生活する上で、科学的な知識が必要かと考えたらあまり必要ないと思ってしまいます。われわれ一般人にも科学的な知識等はあったほうがよいのでしょうか？

（東京都・男性・26歳）

科学的な思考法は不可欠

ご質問ありがとうございます。私は、科学に関する知識、経験を身につけることは、これからの時代を生きる上で必要だし、不可欠だと考えます。科学的な思考法を身につけることで、人生を、より積極的に展開していくことができます。

自然はこうなっている、文明を支える技術はこうである、という知識を持つだけでなく、そもそも科学というものはどのようにして成り立っているのか、その限界は何か、どこまでわかって、どこからはわかっていないのかを理解すること、いわゆる「リテラシー」が大切だと考えるのです。

科学というと、どちらかというと専門家のもの、日常生活には関係のない

ものと思うかもしれません。しかし、よりよい充実した人生を送るためにも、科学的知識を身につける必要性は、日に日に増しています。一度限りの自分の人生。それを悔いのない、輝かしいものにするためにも、科学的なものの考え方は不可欠であるということができるでしょう。

リスクと可能性

とりわけ、科学的なものの考え方は、何が起こるかわからないという「不確実性」に向き合う上で、大きな力となってくれます。人生の分かれ道である選択をしようとしているとき、それぞれの選択肢にどのようなリスクが伴うのか、一方でどのような可能性があるのか、的確に把握し、理解し、自分の行動に結びつけるためには科学的なものの考え方がどうしても必要なのです。

科学は、さまざまなことが起こる「確率」を与えてくれます。たとえば、今後一〇年の間にあることが起こる確率は、三〇%だというように、リスクの数値を教えてくれます。また、そのような確率が計算される道筋も知ると、数字でわかること、わからないことの限界が見えてくるでしょう。

ある意味では、科学的なものの考え方を身につけることの意味は、科学の限界を知ること、科学ができないことをわかることにあるのかもしれません。科学的なものの考え方を身につけないと、科学に不必要な不信を抱いたり、逆に過剰《かじょう》な期待をしてしまったりします。現代社会においてどうしても避けて通れない科学や技術と上手に付き合うためには、その可能性とともに限界を知る必要があるでしょう。ちょうど、子どもが、親離れをして初めて一人の人間として生き始めることができるように。

東日本大震災は、自然の持つ力が、人類の文明を時に凌駕《りょうが》してしまうことを改めて示しました。「想定外」の事態に対する準備のまずさは、大いに反省されなければなりません。一方で、自然は、時に人間の想像を超えた猛威《もうい》を振るうこともまた事実なのです。

地震予知については、多くの研究者が、懸命な努力を続けてきました。それでも、予知はなかなか難しい。今回の地震の発生が予測できなかったことは、関係する研究者たちにとっても無念でしょう。理論的にその発生のメカニズムがある程度明らかになり、観測網が整備されている東海地震についても、予知は難しいとする研究者もいます。

生を輝かせるために

私たちが、今までの常識や思い込みにとらわれてしまうという傾向があることもわかっています。白鳥は白いものだと思っている人は、この世にまさか「黒い白鳥」（黒鳥）がいるとは思いません。古代ローマ以来、ヨーロッパの人たちは、白鳥（スワン）は白いものだと思っていました。そのような思い込みが間違いだったことが、一七世紀末、オーストリアでの黒鳥の発見によって明らかになります。「ブラック・スワン」（黒い白鳥）のような、今までの思い込みを破る、思いもかけない出来事が、私たちの人生に大きな影響を与え、世界を変えていきます。9・11テロや、インターネットの台頭、そして今回の東日本大震災は、予想をしていなかったスケールの出来事が、私たち

の生き方を実際に変えてしまうということを、雄弁に物語っているのです。

時には予想できないことが起こるからといって、最初から予想することをあきらめてしまっては、仕方がありません。科学は、実際、日常の出来事のかなりの部分を予想することができます。だからこそ、私たち人間は、科学の知識に基づいてさまざまな技術を開発し、自動車や、飛行機、コンピュータのような文明の利器を生み出すことができたのです。

人生いろいろ。何が起こるかわからない。だから、何が来ても驚かないで、対応できるだけの覚悟は持っていなければならない。その一方で、わかることはできるだけ解明していく。予想できることは予想する。そのような精神が「科学」のど真ん中にあります。

だとすれば、科学は、明日をもしれぬ時間を生きる私たち一人ひとりにとって、大きな恵みとなり、励みになるのではないでしょうか。科学を食わず嫌いでいるのはもったいない。科学的なものの考え方を身につけてこそ、私たちの生は輝くのです。

相談2

「生きる力」はどこから出てくるのか

「生きる力」は、どこから出てくると先生はお考えですか。また、その力をつけるにはどうすればよいと思いますか。

（福岡県・女性・30歳）

「生きるエネルギー」とは「バランス」

「人生のエネルギー問題は、解決できる」

私は、常々そのように考えています。日本の電力を巡る「エネルギー」問題は予断を許さない状況です。一方、私たちが「生きるエネルギー」をどう得るかという問題は、誰にでも解決できると信じているのです。

ここでいう「生きるエネルギー」とは、実はエネルギーの総量ではなく、さまざまなものの「バランス」のようなものです。

生きるのに前向きな人がいる一方で、引っ込み思案な人もいる。エネルギッシュに飛び回っている人があれば、ついつい後ろ向きになる人もいる。こ

れらの人たちが使っているカロリーベースのエネルギー自体は、実質的にはそんなに差があるわけではありません。
問題は、脳の中の回路のバランス。まったく同じ現実に向き合っていても、なぜか前向きな人と、後ろ向きな人がいる。その差は、使っているエネルギーの「絶対量」にあるのではなく、その生き方のバランスの中にあるのです。
いろいろなことについて考え、感じるときのバランスを、しなやかに、やわらかなものにすれば自然に生きる力が湧いてくる。生きる力とは、本質的に「太陽」の領域に属することであって、「北風」の作用ではないのです。

✧自分を受け入れてから人生が始まる

脳は、自分の置かれた現実をさまざまに解釈します。このときの向き合い方で、生きる上での「バランス」が変わってくる。

たとえば、誰でも、自分の持って生まれたものを、必ずしもベストのものとは感じない。生まれた場所や、家庭環境、容姿、能力。もっと違うところで生まれればよかった、別の自分だったらよかったと考えるのは、ごく自然なことです。

しかし、人間は、生きていく中でどこかで成熟して、自分自身のありのま

まを受け入れなければならない。自分自身と「和解」しなければ、本当の生きる力を見いだすことはできないのです。

私自身、テレビの仕事などで、本当に美しい容姿の方とご一緒することがあります。女性の場合は、ただ見とれているだけですが、男性の場合、なんで自分はああじゃないんだろうと、うらめしく感じることもあります。

顔もよくてスタイルもよい俳優や、タレントさんがスラリと立っているのを見ると、まるで「君はベルサイユのばらか！」と叫びたくなる。一方の自分はといえば、ずんぐりむっくり。青い服を着れば、まるでドラえもん。同じ人間なのになぜと、世の不条理を嘆くのです。

誰でも、自分の持って生まれたものを不足に感じることがある。スタイリストの方に伺ったのですが、ある女子高生は、「なぜ、お母さんはフランス人と結婚しなかったの？」と真顔で言ったそうです。「そうだったら、私はハーフだったのに！」

きっと、その女の子の中では、ハーフのほうが何となくカワイイし、イケているると思えるのでしょう。確かに、さまざまな文化に接することのできる環境は、いいものです。日本とフランスのどちらの文化も受け継ぐことができたら、どんなに楽しいでしょう。しかし、「なぜ、お母さんはフランス人と結婚しなかったの？」と聞く女の子は、重大なことを見落としています。そうです。もし本当にそうなっていたら、「今の自分」はこの世に存在しないということです！

どんなに容姿や才能が気にくわなくても、生まれ育った環境に不満があっても、もし変えてしまったら、「今、ここ」にいる自分はいなくなってしまう。どんなに情けなくても、理想からは程遠くても、そんな「自分」を受け入れることからしか、人生は始まらない。

私自身もそうです。ずんぐりむっくりで、もじゃもじゃの癖《くせ》っ毛で、落ち着きがないなど、いろいろな欠点を持った今の「自分」を受け入れるしかない。決して、あきらめるとか、向上心を失うということではないのです。「隣の芝生《しばふ》は青く見える」をずっとやっていたら、いつまでたっても人生は始まらないというだけの話です。

ノーベル文学賞を受けたフランスの作家、アルベール・カミュは、その哲学的エッセー『シーシュポスの神話』の中で、神に罰を受けて永遠に坂道で岩を持ち上げ続ける、そんな運命に置かれた男の話を書きました。究極の不自由さ、不条理の中でさえ、もしその運命を「自分」として引き受けることができたら、無限の自由を感じることができる。そんな「生きること」の真実を、カミュは読者に伝えたかったのでしょう。

「生きる力」をつけるためには、まずは、自分の置かれている状況から逃げないことが大切です。どんなにみっともなくても、苦しくても、欠点だらけでも、とりあえずはそんな自分を受け入れる。隣の芝生が青いと思ったり、他人のせいにしたりしない。情けない自分の中に、どんどん下りて行ったときに、人は、その薄暗がりの中にかすかに輝く光を見いだすのです。

それこそが、自分の「魂」とでもいうべきものです。

相談3

フクシマの原発事故は何を提起したのか

福島第一原発事故は収束するのでしょうか。また、今回の原発事故は、世の中に何を提起したのでしょうか？

（埼玉県・男性・33歳）

まずは奮闘に感謝

東日本大震災では、津波で多くの尊い命が失われました。そして、福島第一原発での事故が、今もなお、たくさんの人々の生活を脅かしています。私自身、福島に親戚がいることもあって、伝えられる艱難辛苦《かんなんしんく》を、とても他人事とは思えないのです。

事故の収束へのプロセスは、必ずしも楽観できるものではありません。世界的に見ても、これだけの規模の原子力の事故について人類はあまり経験を積んでいません。日本人がこの困難をどのように切り抜けるのか、世界中が注目している。私たちの底力、真価が問われているといってよいでしょう。

事故の今後の見通し、原発についての是非論に進む前に、まず、何よりも

大切なこと。現場で事態の収束に向けて奮闘を続けていらっしゃる方々に感謝の思いを向けたい。どうか、無事でこの事態を切り抜けてくださるように、心から応援したいと思います。本当に、大変なお仕事を担ってくださり、ありがとうございます。

「透明性」こそ信頼のもと

今回の原発事故で明らかになったのは、「透明性」こそが信頼のもとであるということではないでしょうか。一般国民に原発の危険性や、事故が起きたときの影響などを知らせると「パニック」になるからと考えて、都合のよい情報だけを流す。巷《ちまた》で指摘され、非難を受けているこのような態度を続ける限り、本当の意味での信頼感を取り戻すことは難しいと思います。

かつては、企業においても、広報の仕事は「情報のコントロール」という側面もありました。何かを推進するときに、関連するポジティブな情報だけを提供する。疑問を差し挟ませるような情報は、なるべく隠してしまう。そのようなやり方は、たとえそれが「よかれ」という善意に基づくものであっても、もはや通用しないといえるでしょう。

インターネットという新しいメディアが、世界を変えました。たとえ、都合の悪い情報をコントロールしようとしても、必ずそれは流出してしまう。誰かが、問題点を指摘してしまう。多くの人々が、それぞれの立場から情報を発信できるようになったネット時代には、「情報をコントロールする」という従来の広報のやり方は、倫理的に問題であるだけでなく、戦略的にも間違っています。原発についてどのような立場をとるにしても、すべての情報を、可能な限り透明にすること。そして何よりも、人々を信じること。もし、

日本のエネルギー安全保障のために、当面はどうしても原発が必要なのだと主張するのならば、エネルギー需給見通し、事故の危険性、自然エネルギー利用の可能性などについての情報を、すべてガラス張りにする。そして、最後は人々に判断させる。そのようにするのが、本筋だと考えます。

果たして、原発は是なのでしょうか、非なのでしょうか。とても難しい問題です。先の大戦の根本原因となったのは、原油をはじめとするエネルギー問題でした。エネルギー安全保障は、一つの国の存亡にかかわる重大事。一つのイデオロギーだけで、突っ走るのは危険です。

だからこそ、信頼が大切。「情報をコントロールする」ことで原発を運営してきた国や電力会社が、「すべてを透明にする」という方向性への自己改造をできるかどうか。これこそが、今回の事故で問われている最大のテーマであると私は考えます。

大切にすべき「プリンシプル」

今回の事故は、世界が「ブラック・スワン」（容易には想像できない出来事）に満ちていることを示しました。ヨーロッパ人は、白鳥（スワン）といえば白いと思っていたのが、新大陸で「ブラック・スワン」（黒い白鳥、すなわち黒鳥）が発見される。たとえ専門家といえども、予想しきれないような出来事が起こる。怠慢なのでもなく、学問の水準が足りないのでもない。もともと、世界は、そんなふうにできているのです。

私たち人間の生は、どうしても波瀾万丈《はらんばんじょう》になる。絶対の安全などない。至るところに危険がある。よかれ、と思ってやったことが、必ずしもよい結果になるとは限らない。そんな中で、私たちは、何とか、日々の生活を必死に

なって生きている。市井《しせい》の平凡な人間も、「エリート」が集まって運営している（はずの）国も、予想外の出来事に翻弄《ほんろう》されるという点では同じことです。

原発が是か非かの問いかけについては、今後も烈《はげ》しい議論が巻き起こっていくでしょう。そんな中で忘れてはいけないこと。人生には、予想もできないことが必ず起こる。そんなときに、信じるべきものは何か。大切にすべき「プリンシプル」（原理、原則）とは何か。そのことを、一人ひとりが自分の胸に問いかけるべき時が来ているのではないでしょうか？

福島第一原発の事故で、一つの「安全神話」が崩壊しました。それと同時に、「安心」「安全」をお題目のように唱えてきた日本の近年の風潮も終わりを迎えた。世界はどうなるか、容易に予想できない。それでも、私たちは生きていかなければならない。一人ひとりの「プリンシプル」が、今こそ問われているのです。

相談4

どうすれば人を愛せるか

人を愛せません。裏切られるのが怖くて好きになれません。どうすれば人を愛せますか？

（大阪府・女性・24歳）

愛への不安。自分の心をまず開く

人間は、誰でも、他人に関心を持ってもらいたい、気にかけてほしい、愛してほしいという「関係性欲求」を持っています。誰かとつながっていたいという気持ちは、人間にとって本能のようなものです。

しかし、ご質問の方のように、関係を結ぶということに踏み出せない方がいる。人と人との関係性の中にひそむ、どうなるかわからないという「不確実性」が不安だという人にとって、愛することは案外難しいことなのかもしれません。

まず心に留めておきたいことは、他人の心というものは、人間の脳にとって森羅万象《しんらばんしょう》の中でもっとも予想しにくいものだということです。好きな人に告白しても、どうなるかわからない。断られるかもしれないし、ひょっとしたら傷つくかもしれない。そんなこんなを考えてしまって、一歩が踏み出せない、という人も多いのではないでしょうか。

ドイツの作曲家、リヒャルト・ワグナーの傑作オペラ『ニーベルングの指《ゆび》環《わ》』には、ジークフリートという英雄が出てきます。ジークフリートはこの世の誰よりも強く、恐れることなどない。それで、何か怖いものはないかと、世界中を探しても見つからない。宝物を守る竜でさえ怖くはなくて、簡単にやっつけてしまう。

そんなジークフリートが初めて恐れを抱いたのは、岩山のいただきに眠る美女を見いだしたときでした。ひと目で彼女を好きになってしまったジークフリートは、彼女に拒絶されるかもしれない、という可能性に気付いたとき、

初めて恐れを感じるのです。
　ゲルマン民族の神話の、最強の勇者でさえ、他人に愛されるかどうか不安に思う。ですから、私たちが愛することを不安に感じることは、仕方がないのかもしれません。
　問題は、果たして私は愛されるのだろうか、裏切られてしまうのではないかとあれこれと悩んでいると、それが相手に伝わってしまうということです。
その結果、相手も何とはなしに警戒心を抱いてしまって、悪循環になってしまう。お互いの距離が縮まらなくなってしまうのです。

愛すること、愛されることはこの世でいちばん素晴らしいことですが、そのような親密な関係になる前に、まずは相手と打ち解けなければならない。しかし、裏切られるのではないか、と警戒していると、相手もなかなか心を開いてくれない。結局、相手が心を開くためには、まず、自分が心を開く必要があるのです。

どんなに不安を感じるとしても、本当は無防備であることがいいのです。傷つけたいのならば、傷つけてもいいよ。私は、あなたのことを信じているよ。こんなにも、好きだよ。そんな気持ちを素直に表現できる人になれれば、きっと愛にあふれる生活が待っていることでしょう。思い切って、裸になってしまえばいいのです。

✧ 欠落においてこそ人は真実に到達

もっとも、それが簡単にはできないからこそ、愛することについてあれこれと考えてしまうのでしょう。ここで、人生における一つの逆説について考えてみるのがいいのかもしれません。愛を簡単には手に入れられないからこそ、それについて深く考える。そう考えると、足踏みしていることも、決して無意味ではないのです。

愛したいのに愛せない、だからこそ愛にあこがれる。そんな人の中で、「愛」は理想化され、神々《こうごう》しいものにさえなります。古来、満たされない愛こそが、芸術家のインスピレーションとなってきました。現実の世界で自分の願いが満たされないからこそ、愛の素晴らしさをうたい上げたくなるのです。

一方、ごく自然に愛することができて、愛される機会も多い人は、愛についてあまり深く考えない傾向があります。それは空気のように当たり前のものになっていくからです。もちろん、そのような人の愛が価値のないものであると言っているわけではありません。脳に関する多くのことが、それを意識しないほうがうまくいく。だからこそ、愛の達人は、愛をことさら意識しなくなってしまう。

愛において、流れるようにすべてが進む「フロー状態」に入った人には、愛に躓《つまず》いている人に見えているものが、むしろ感じられなくなる。ここに逆説があります。欠落においてこそ、人は真実に到達するのです。

とはいっても、やはり、愛し、愛されたいですよね。

まずは、裏切られることが怖くて人を愛せないでいる自分を、そっくりそ

のまま、否定せずに、受け入れることが大切なのではないでしょうか。最初から無理をする必要はない。なかなか警戒心を解くことができない自身を、一つの個性として受け入れる。その上で、少しずつ、心を開いていけばいい。傷つけられることが怖いと思っているあなたを、自然に受け入れることができるような、そんな心の温かい人に出会うことができれば理想です。

まずは、これは、という人に、自分の気持ちを素直にぶつけてしまってはいかがでしょうか。揺れ動く気持ちに耳を傾けて、ありのままに受け入れてくれる人が現れたときに、もう何かが始まっている。気付いたときには、すっかり外套《がいとう》を脱いでしまって、ぽかぽかした陽光に包まれています。

相談 5

信仰・宗教は必要か

心の支え・拠《よ》り所として、信仰・宗教が必要と感じますが、茂木先生はいかがお考えですか？

（大阪府・男性・34歳）

宗教という世界観

私は、信仰や宗教というものは、その人が生きる上で必要ならば、大いなる恵みを与えてくれるものだと思います。他人がとやかく言うべきことではないように思うのです。

私は今まで、さまざまな宗教の方のお話を伺い、その考え方に触れてきました。結果として、今の私は「近代合理主義者」であり、特定の宗教と深いかかわりを持っていませんが、それは私の人生がたまたまそうなったからであって、他の必然もあったのだろうと思います。

家は浄土真宗だったようですが、両親とも宗教に特に熱心ではありませんでした。仏壇があり、祖父母が健在のころは、ご飯を炊くとまずは仏さまに上げていました。母方の親戚は九州で天理教の教会をやっていて、毎月機関誌が送られてきました。それをぱらぱらと読んでいたので、天理教の教義には詳しいのです。中学校のころ、福音《ふくいん》自由教会に時々行って、牧師さんのお話を聞いていました。キリスト教の「原罪」の観念に惹《ひ》かれました。モルモン教の宣教師の方のお話も伺ったことがあります。

いろいろと宗教との接点があったのに、結果として私がどの宗教にも帰依《きえ》していないのは、つまりはそのような人生だった、ということだと思います。その一方で、信仰を持っている方は、そのような人生だった、ということだと思います。どの人生も一つひとつかけがえのないもので、何がよくて何が悪いということはない。

私は科学者として、宇宙の中に因果的な法則があると信じていて、私たちの意識も脳活動が生み出していると考えています。そんな中で、宗教や信仰

というものも、脳の活動が生み出した一つの世界観だととらえています。

生きる上での原動力

宗教の世界観がどのように出てくるかといえば、つまりは、一度限りの人生をよりよく生きたいということからでしょう。生きる上で、さまざまなつらいこと、苦しいことがある。そのときに力になってくれるような考えがあれば、人はそれに頼ろうとする。私の場合には、生きる上での原動力になってくれたものが、科学だった。それが、宗教である方がいたとしても、私は驚きません。

しばしば、科学と宗教は矛盾するのではないかと尋ねられることがあります。私は、矛盾はしないと思います。脳は物質であり、自然法則に従って変化していることは事実である。その脳活動に伴って、私たちの意識が生まれる。さまざまなことが意味を持つ。心と脳の関係はどのようなものなのかということは、人類に残された最大の謎の一つであり、私のライフワークでもあります。

脳が生み出す心の働きの中に、信仰や宗教がある。生きものがやることには、すべて意味がある。宗教は、生存に資するからこそ進化してきたのでしょう。

グローバル化をした現代においては、さまざまな信仰、宗教の方が行き交い、交わります。大切なのは、異なる考え方に対する寛容の精神と、相手の世界観を理解しようとする好奇心でしょう。世の中には、ある信仰を持っているからといって、ラベルをつけ、遠ざけるような人たちがいますが、もったいないことだと思います。

宗教を敬遠する人たちは、心の中で恐れを抱いているのかなと思うことがあります。下手に近づくと染まってしまう、とでもいうような。私は、そのような懸念が比較的少なかったのでしょう。何かを信じている人がいたら、その話を聞きたいと思います。参考にできることがあれば、しようと思います。何よりも、そのような信仰に至った、必然性のようなものを理解したいと考えるのです。

この世に無駄なものなどない

私はさまざまな仕事をしてきましたが、今までで最大の反響があったものの一つが、『中央公論』二〇一〇年四月号に掲載された、池田大作さんとの往復書簡でした。多くのことを学び、気付くことができました。池田さんには、私のような若輩者《じゃくはい》の相手をしていただいて、深く感謝しています。

今でも、街を歩いていると、見知らぬ人から声をかけられ、「池田先生との往復書簡、読ませていただきました！」とお礼を言われることがあります。そんなとき、私は、ああ、よかったな、と心から思うのです。

現代社会においては、多様性こそが大切です。さまざまな信仰を持つ人たちが協力しなければ、文明は動かない。私のように、特定の宗教を持たない合理主義者もいます。イギリスの進化生物学者、リチャード・ドーキンス氏のように無神論を唱える人もいる。

池田大作さんとの往復書簡では、真っ先にドーキンスのことを取り上げました。池田さんのお書きになったことが、今でも心に残ります。

ご質問の方が、信仰・宗教が必要だとお考えになれば、それは必要なのです。生きるために、自分が必要だと感じたことは、きっと必要なのです。こ

の世に無駄なものなど一つもありません。野に咲く小さな花も、懸命に生きているのです。

相談6

陰で悪口を言う友人を信じていいか

信じていた友人が、私のいないところで自分の悪口をかなり言っていると、いろいろな人から聞きました。ショックで仕方ありません。その友人を信じていいのでしょうか？

（東京都・女性・22歳）

ポジティブな感情いっぱいの世の中

それは、さぞやショックだったことでしょう。人間関係は、私たちにとっていちばん大切なこと。それが損なわれてしまうと、心苦しく感じるものです。落ち込んでしまうのも、無理はありません。

落ち込む理由は、いろいろです。まずは、その友人が自分のことを悪く思っていたという事実に対する驚き、悲しみがある。信じていて、好意を持っていてくれると思っていたのに、違っていた。誰でも、他人が自分を認めてくれるのはうれしいものです。逆に否定されれば自分の価値が下がったように思ってしまう。信じていた友人、大切な人にそんなことを言われてしまったら、心が傷つく。

もう一つ、その友人があなたにはよいことを言って、陰で悪口を言うような人だった、という事実に対するショックもあるでしょう。信じていた人が、表と裏のある人だった。そのことに対する落胆も、今のあなたの中にあるかもしれません。

これが、逆だったら、どんなによかったことでしょう。友人がいろいろなところで自分をほめてくれていた。そんなふうに聞いたときには、本当に跳び上がるくらいうれしいものです。直接面と向かってほめられるよりも、他人を経由して、「こんなことを言ってほめていたよ」と伝えられるほうがうれしい。というのも、そのときのほうが「本音」を聞くことができるように感じられるからです。

本人を目の前にすると、人はどうしてもお世辞を言ってしまうものである。

そのように考えるからこそ、他人に対して言ってくれたという「ほめ言葉」は、価値が高いように思います。だからこそ、うれしく感じるのです。

しかも、他人経由で伝わったほめ言葉には、はかなさ、あやうさがある。ひょっとしたら、自分には伝わらなかった可能性もある。ほめてくれた人が、「本人にも、私がそう言っていたと伝えてください」と言うことはまずない。伝言ゲームのように、か細い道を通って自分にやってきた言葉だからこそ、他人経由で来たほめ言葉の消息には、独特の味わいがあるのです。

私自身も、大学院を出て研究者の道を歩み始めたときに、尊敬する先生がもらした一言を後に他の方経由で耳にして感激したことがありました。セミナーで発表をしたのですが、それを聞いていた先生が「いやあ、今日の茂木くんの話はよかった。びっくりしたよ」とおっしゃってくれたと、後から秘書の方から聞いたのです。まだ右も左もわからない若造だった私は、それこそ跳び上がるようなよろこびを感じました。そして、その後の研究者としての人生の励みとすることができました。

そんな経験があるからこそ、私はできるだけ人のよいところを見つけて言うようにしようと心がけています。もちろん、「本人に伝えておいてくださいね」などとは言いません。それではだいなしになってしまう。あくまでも、その場で、心を込めてお話しする。ひょっとしたら本人に伝わるかもしれな

い、と思うけれどもそれは一つの「たのしみ」に取っておく。土の中に種を植えて、春になると芽が出るかもしれない、くらいに思うこともあります。

「ペイ・フォワード」なふるまい

アメリカの映画で『ペイ・フォワード』というものがありました。他人に思いやりや善意を向ける。それを受けた人は、また他の人に思いやりや善意を差し出す。そのようにして、人のネットワークを通してポジティブな感情が伝わっていくことで、世の中がよくなっていく。

誰かのよいところを見つけて、それを人に話すというのは、まさに「ペイ・フォワード」なふるまい。どうせ一度きりの人生、前向きに生きたほうが気持ちいい。他人のよいところをできるだけ見つけて、ほめ言葉を発したほうが、自分自身の心も明るくなるように感じます。

さて、あなたの悪口を陰で言ってしまっていたご友人の話に戻りましょう。脳の働きから見れば、その友人は、あなたのことが気になって仕方がないのだと思います。人間は、関心のない人の悪口を言ったりはしません。悪口を言うということは、あなたに関心があるということ。きっと、あなたの中に、自分にはないものを見いだし、うらやましく思っているというようなことがあるのかもしれません。

もし、あなたについて気に入らないことがあったとしても、本当の友人だったら直接本人に伝えるはず。それができなかったということは、その方の弱さでもあるし、また未熟なところでもあるのでしょう。

私なら、こうします。そのご友人のいちばん素晴らしいところ、大切だと思う点を、本人に言ってあげてください。それに、周囲の人たちにも、その

方がどんなに魅力的な人か、伝えてあげてください。その話は、ひょっとしたら巡りめぐって本人にも伝わるかもしれません。そのときこそが、「ペイ・フォワード」な瞬間。きっと、そのご友人は、あなたの悪口を言っていたことを反省し、自分を恥ずかしく感じることでしょう。

そこから、本当の友情が始まる。人間は誰でも弱く、欠点を持っているものです。お互いのダメなところを認め、補い合ってこそ、もっとよい世の中にしていくことができるのです。

相談7

人が惹かれ合う理由は何か

私のお父さんは日本人で、お母さんはフィリピン人です。お父さんとお母さんがよく喧嘩《けんか》します。何だか私が生まれたことでこうなっているのではと感じることがあります。お父さんお母さんが仲良くなるにはどうすればよいですか。

（東京都・女性・8歳）

「共通するもの」と「違ったところ」

ご質問、ありがとう！

8歳なのに、こんなにきちんと、物事を考えられて、偉いね。お父さんとお母さんが喧嘩をすると、あなたもつらいはずなのに、自分のことよりも、「お父さんお母さんが仲良くなるにはどうすればよいですか」と考える。他人のことを思いやることができるあなたは、素晴らしいと思います。質問を読んで、とても心が温かくなりました。

さて、私は、あなたのお父さん、お母さんと会ったことがないし、お話をしたこともないので、なぜ喧嘩をしているのか、本当のところはよくわかりません。でも、わからないなりに、脳の研究をしている立場から、考えたことを書こうと思います。

そもそも、お父さんとお母さんはお互いのことが、とっても好きなんだと思います。そうでなければ、一緒になりません。お父さんとお母さんが、愛し合っているから、あなたが生まれたのです。

一方で、世間では、仲のいい人たちほど、喧嘩をするといいます。私が、子どものころからよく見ていた『トムとジェリー』というアニメーションの主題歌は、「トムとジェリー、仲良く喧嘩しな」というものでした（あなたも、見たことがあるかもしれませんね）。「喧嘩をするほど仲がいい」ともいいます。なぜでしょう？

このことを理解するためには、そもそも、人と人は、なぜお互いに惹《ひ》きつけられるのか、好きになるのかということを考えなければなりません。

人間の脳というのは面白いもので、好きになる相手は、自分と共通のところもあるけれども、一方では違ったところもある、という場合が多いのです。少し、知らないところ、わからないところがあったほうが、一緒にいても面白いでしょう。だからといって、まったく違ってしまったら、心が通じ合いません。やはり、同じものを見て心を動かされ、笑ったり泣いたりできる相手のほうがいい。

お互いに、気持ちが通じ合う、気の合うところもあるけれども、違った部分もある。そんな相手に、私たちは惹きつけられます。同じ日本人どうしでもそうなのですが、あなたのお父さん、お母さんのように、違う国の人どうしが出会った場合は、特にそんな傾向があるのかもしれません。

フィリピンは、日本と同じアジアにある国です。歴史を振り返っても、いろいろなつながりがありました。たくさんの日本人がフィリピンに移り住んで、日本人街ができたこともあります。第二次大戦中には、日本と連合軍がフィリピンを舞台にして戦うという、不幸な時期もありました。

同じアジアの国として、人と人の関係や、食べものなど、日本とフィリピンには、いろいろな共通点がある。何よりも、島国だということが同じです。一方で、違いもあります。たとえば、日本は仏教を信じている人が多いのですが、フィリピンでは、多くの人がキリスト教、特にカトリックを信じています。また、日本人は、自分たちのことを一つの民族だと思う傾向がありますが、フィリピンは、多民族国家です。

日本人のお父さんと、フィリピン人のお母さんが出会ったとき、お互いに心を惹かれたのは、同じところと違ったところが、両方あったからだったのではないでしょうか？　もちろん、ただ、日本人、フィリピン人というだけでは、性格の細かいところまではわかりません。そこの部分も含めて、半ば

同じで、半ば違う相手を好きになったのでしょう。

✧ 父、母のために毎日楽しく過ごしてみる

少し違うところがあるから、好き。でも、それが、喧嘩の原因になったりすることもあります。ちょっとした習慣のすれ違いがあったりとか、何かについての考え方がずれていたりとか。お父さんとお母さんのように、違う国どうしのカップルは、そのような理由で喧嘩をしやすいのかもしれません。

でも、だいじょうぶ。違う部分もあるけれども、同じところもあるからこそ好きになったのですから、そこを大切にすれば、仲良くできるはずです。お父さん、お母さんが、同じ物を見て笑ったり、よろこんだり、そんな時間を大切にすれば、必ず二人は仲良くなりますよ。

何よりも、あなたが生まれたことが、お父さんとお母さんを結びつける、いちばん大切な絆となっているはずです。あなたは、８歳でこのような質問をするくらい賢く、また人の気持ちを思いやることができるのですから、お父さん、お母さんにとって、大切な宝物でしょう。

何も、特別なことをすることはありません。あなたの人生は、始まったばかりです。あなたが、学校の勉強や、友達との遊びや、いろいろなことを夢中になってやって、日々成長していく、そんな姿を見れば、お父さん、お母さんはきっと、二人を結びつけている大切なものを思い出すはずです。

あなたは、お父さん、お母さんのことを心配して、偉いね。でも、あなたが、毎日の生活を楽しむことが、いちばん大切だよ。毎日、うれしいな、楽しいなと思って過ごしていれば、それが、結果として、お父さん、お母さんを強く結びつけることになると思います。

相談8

友達に笑われても大好きな鳥を見てていいか

ぼくは鳥が大好きです。だけど、鳥の鳴き声を聞き、鳥の動きをじっと見ていると、友達が笑います。じっとそこから動かない自分を笑っていると思うのですが、このままぼくは鳥を見ることはやめなくてもいいですか。

（千葉県・男性・年齢不詳）

日本の社会は「同化圧力」が大きい

楽しいご質問ありがとうございます。ご質問された方は、小学生かな？　あるいは、中学生、ひょっとしたら、大人？　いずれにせよ、素晴らしい素質を持っていると思います。自信を持って、鳥を見続けていてください。

なぜ、友達があなたを笑うのでしょう。それは、普通の人と異なるふるまいをしているあなたを見て、胸のどこかがざわざわするからです。あなたという人間を、どんなふうに理解したらいいかわからない。それに、鳥にそんなに夢中になれるあなたを、どこかうらやましいと思っているのかもしれません。

人間には、「同化圧力」というものがあります。人と同じ格好をして、同じようなことを言って、同じようにふるまっていれば安心。日本の社会は、特にこの「同化圧力」が大きいというところがあります。昔、漫才で「赤信号、みんなで渡ればこわくない」というのがありましたが、客観的に見ればどうかな、と思えることでも、みんなでやってしまうとできてしまう、というようなところがあるのです。

みんなが同じであることが好きだということは、日本の社会の強みでもあります。力を合わせて何かをやるときには、他人と同じにすることが役に立ちます。戦後、日本が外国から原材料を輸入して工業品を輸出するという加工貿易で復興していく中では、日本の社会の均質性が貢献しました。

また、人々の間にあうんの呼吸があることで発展してきた文化もあります。たとえば、料理屋における「おまかせ」。「ビール持ってきて」と言って、あ

とは黙って任せていれば、おいしい料理が出てくる。人間の脳にとっては、あらかじめ何が出てくるのかわかっているよりも、意外な「サプライズ」のあるほうがよろこびが深いという理屈から言えば、「おまかせ」はとても「合脳的」です。しかしそれも、「これくらいの年格好の人が入ってくればこんな料理が好きだろう」とあうんの呼吸でわかるからこそ成り立つのです。
「あいつ、鳥見てあんなによろこんでいるよ」。そんなふうにあなたを笑っ

ている周囲の人たちの反応は、知らず知らずのうちに、このような日本の社会の「同化圧力」の文化に染まっているものということができるでしょう。

「みんな同じ」はすっかり時代遅れ

大量生産の工業製品をつくることが日本の生きる道だった時代には「みんな同じ」でよかったのですが、時代は流れ、すっかり様子が変わってしまいました。

インターネットが世界をつなぎ、「情報」やネットワークが最大の付加価値をつくるグローバル化の時代には、「みんな同じ」はすっかり時代遅れ。日本経済の二〇年にわたる不調も、個性を軽んじて、むしろ抑えてきてしまった社会のあり方に原因があるといっていいでしょう。

個性的であること、大いに結構！　鳥を見るのが好きだというのは、素晴らしい個性です。

普通の人が見たら「なんだ、鳥か」で片付けてしまうところを、あなたはいろいろ観察すべき点に気付いたり、さまざまなことを発見したり、自分の体験を深めていくことができる。笑われても気にせずに、堂々と観察を続けていればいいのです。将来何の役に立つのかすぐにはわからなくても、そのようにして個性を育むこと自体が、必ずやこれからの時代における糧になってくれるはずです。

私自身も、子どものころ蝶々《ちょうちょう》ばかり追いかけていて、「けんちゃんがいなくなったら、神社の森を捜せ」と言われたくらいです。私が蝶のことを調べていることは近所中に知られていて、庭に変わった幼虫がいるから見に来てくれと、よく母親のところに電話がかかってきたものです。

私にとって一つの救いになったのは、蝶や蛾《が》といった「鱗翅目《りんしもく》」の仲間を研究する日本鱗翅学会に小学校低学年のときから入ったことでした。近所では変わり者扱いされていても、学会の例会に行くと、それこそ猛者《もさ》ばかりいる。蝶や蛾の知識について、私は近所ではダントツでしたが、日本鱗翅学会に行くと、ごく普通。私よりもスゴイ知識や経験を持った先輩がいっぱいいる。「みんな同じになろう」という同化圧力から解放されて、「もっと先に行っていい」「もっとヘンになっていい」という刺激を受けた人生の転機でした。

ご質問された方も、機会があったら、鳥を観察する愛好家の集まりに行ってみたらどうでしょうか。そこでは、あなたのことを笑う人などいないはずです。そして、「みんな同じになろう」という同化圧力ではなく、「もっとヘンになっていい」という刺激にあふれているはずです。

あなたを成長させてくれるのは、みんな違っていいと背中を押してくれるような人とのつながり。「もっとヘンになっていい」。むしろ「普通だったらつまらないぞ」。そんなさわやかな競争こそが、これからの日本を元気にしてくれるはずなのです。

相談 9

我慢の人生でよいのか

子どものころからずっと、親の言うことをきいて我慢してきました。これから何に対しても我慢していくんだろうと思っています。我慢の人生はよいのでしょうか。

（埼玉県・女性・32歳）

「我慢」とは大切な脳の働き

ご質問、ありがとうございます。心を動かされました。人生における変化のときを迎えていらっしゃるのですね。それゆえに、これまでの日々を振り返って、これでいいのかと疑問に思っていらっしゃる。そんなときのご質問には、切実さがあります。

まず、「我慢する」ということについて、脳科学的見地から少し説明を加えたいと思います。私たち人間も、理性を持つ存在とはいいながら生きものです。動物である以上、さまざまな衝動を持つ。欲しいものができたり、ああしたい、こうしたいと思うようになる。そんなときに「我慢する」というのは、実はとても大切な脳の働きなのです。

具体的に言えば、前頭葉《ぜんとうよう》が「こうしたい」という衝動を抑えている。たとえば、目の前におやつがあって食べたいけれども、今は我慢する。あるいは、漫画が読みたいけれども、勉強をまず済ませなくてはならないから、やめておく。このように抑制をかけるということは、とても大切な、前頭葉の働きなのです。

ですから、「我慢する」ということに慣れていらっしゃるご質問者は、前頭葉をとてもよく使っていることになる。それは、生きる上で役に立つことのはずです。私が師匠と仰ぐ養老孟司《ようろうたけし》さんは、常々、「昆虫採集には我慢が大切で、そのことが脳によい」という趣旨のことを言われています。何事も衝動的にやってしまうよりも、我慢ができるということのほうが、よほど尊いはずなのです。

その上で、「子どものころからずっと、親の言うことをきいて我慢してきました」とおっしゃられる以上は、やはり自分を変えたい、親との関係を見直したいと思っていらっしゃるのでしょう。きっと、自分の中で、やりたいことが芽生えてきているのかもしれません。そんなときに、親に今までいろいろと抑えられてきたことが、思い出されてしまうのでしょう。

ご両親も、もちろん、子どものことを思っていろいろとアドバイスされるのでしょうから、必ずしもその意見を無視してよい、ということにはなりません。それでも、人生というものは、いつかは親離れしていかなければならないものですから、徐々に、ご自身で判断するということを習慣にしていってよいのかもしれません。ご質問者は、32歳だということですね。親から離れて、自分の人生を歩み始める潮時なのかもしれません。

ただ、「これから何に対しても我慢していくんだろうと思っています」「我慢の人生はよいのでしょうか」という文章について、少し気になること、確

認させていただきたいことがあります。これからの人生のご参考までに、お読みください。

人間は社会的な動物 「文脈」に依存

私たち人間の性格の形成において、親の影響は一般的に大きいという印象があります。親から抑えつけられていると、何に対しても我慢して、消極的な人間になってしまう。そんなふうに、生き方に与える親の影響は圧倒的であると、世間では思われがちです。

ところが、性格形成に関するこれまでの研究を総合すると、必ずしもそうはいえないようなのです。確かに、親の影響は大きい。しかし、圧倒的なものの、唯一のものとはいえない。というのも、人間は社会的な動物ですが、その社会化は、「文脈」に依存するものだからです。

家庭において親と向き合う時間は、一つの「文脈」です。ところが、子どもが接する文脈は、それだけではない。学校に行けば、友達との関係がある。あるいは、先生との関係がある。社会に出れば、上司や同僚との関係がある。人生のそれぞれのステージにおける、友人との交流もある。

たとえ、親からは「我慢」することを強《し》いられていたとしても、友達どうしでは必ずしもそうではない。親の前では我慢しなくてはいけないとしても、友達に対しては遠慮をする必要はないし、またそうするべきでもない。つまり、人間は、さまざまな人とさまざまな文脈で関係を結ぶのであって、親の影響は、そのうちの一つでしかないということなのです。

もちろん、この世に生み出し、育んでくれた親の恩を忘れてはいけません。その一方で、その存在をあまりにも大きなものと考えるのも間違っている。

ご質問をされた方の性格、人生も、冷静になって考えれば、親の影響だけでつくられているのではないはずです。たとえ、親の前では我慢していたとしても、友達の前で羽目《はめ》を外すとか、自由にふるまうとか、そんなふうにしてバランスをとることができる。実際、そのようにされてきたのではありませんか？

ご両親からは徐々に独立して、自分の人生を歩み始めてください。もちろん、急に完全に自由になるのは難しいと思います。だからこそ、ご両親との関係以外の、お友達やご同僚との関係を大切にしてください。

親といえども、この世でかかわる多数の人々の一部にすぎない。いわば、「親が小さく」見えたときに、あなたは本当に社会の中の人となり、ご両親に対しても、より余裕があり、温かい気持ちになることができるはずです。

相談 10

人はなぜ涙を流すのか

茂木先生、夜になると、とても切ない気持ちになり、涙が自然に出るのはなぜでしょう？　毎晩、涙で枕がぐっしょりとぬれてしまうぐらい泣いてしまいます。このようなことになるのは私だけでしょうか。

（神奈川県・女性・36歳）

涙とはコミュニケーションの道具

感じやすい方なのですね。きっと、情緒が豊かなのでしょう。涙が自然に出るほど、さまざまなことと出会いながら、人生を送っていらっしゃる。そんな自分を受け入れることが、まずは大切です。「このようなことになるのは私だけ」なのかと、あまり気にする必要はありません。

あなたは、枕がぐっしょりとぬれるくらい泣いてしまう人。それは一つの個性なのですから、それでいいのです。他の人がどうであるかなどと、あまり気にする必要はありません。

まずは、自分を受け入れること。こんな私でいいんだ、と心から思うこと。その上で、以下の話を参考になさってください。

涙は、人間の脳が、自分が受け取れないくらいの何かを受け止めてしまったときに、流すものなのです。いわば、それは、感情の「掛け流し」のようなもの。脳の感情にかかわる回路が大いに活動し、受け止められないくらいの大きなものと出会ってしまったときに、涙という生理的反応につながる。

その意味で、涙は、必ず、感情の大きな動きと絡んでいます。それが、悲しみであれ、よろこびであれ、あるいは感動であれ、心が大きく動いたときに、涙が出てくるのです。

ここで、見逃してはいけないことがあります。それは、涙というものは、コミュニケーションの道具でもあるということです。涙は、確かに自分の心が動いたという、「私」にかかわる事象ではあるが、それは同時に、他人に対する一つのメッセージでもあるのです。

たとえば、こんな事例があります。子どもが一人、公園で遊んでいた。走

っているうちに転んで、膝を擦りむいてしまった。血が出たので、水道で洗って砂利を落としたけれども、しみて痛い。それで、家に帰ってきて、お母さんの顔を見た瞬間に、泣き出してしまった。

よくある光景ですね。そんなとき、私たちは、「お母さんの顔を見て、安心して泣いたんだね」と言います。しかし、考えてみると少しヘンです。悲しいとか、痛いとか、そんな気持ちは公園で転んで怪我《けが》をしたときが最大だったはずです。それが、家に戻ってきて、「怪我しちゃったんだね、よしよし」と優しいお母さんの顔を見たら火がついたように泣き出すとは、どういうことか。

つまり、涙が、お母さんへのメッセージだということです。涙は、人に見てもらって、初めて社会的な意味を持つ。公園で一人で遊んでいるときに泣いても、その涙はコミュニケーションとしての意味を持ちません。お母さんの前で泣くことで初めて、自分の不安で悲しい気持ちを伝え、温かく見守ってもらえる。涙が、子どもと母親の間の絆となるのです。

涙がコミュニケーションの道具となるのは、大人になっても同じことです。しばしば、「涙は女性の武器である」といいますね。男性と女性が口論をしていて、途中で男性が激しい言葉を吐いていたとしても、女性がほろりと涙を見せた瞬間、男性は「戦意」を失ってしまうものです。むしろ、一人の男

性として、女性を守ってあげなくては、という気持ちになる。

　女性だって、決して、ここで泣こうとか意図してやっているわけではない。自然に泣いてしまうことで、心と心が通じ合う。おかげで、人間関係が、ぎすぎすしなくて済むのです。

　ですから、夜、とても切ない気持ちになり、枕がぐっしょりぬれるくらい泣いてしまうあなたに強《し》いてアドバイスがあるとすれば、一人でばかり泣いているのはもったいないですよ、ということでしょうか。涙は、コミュニケーションの仲立ちでもあります。たまには、他人の前で泣いて、あなたの感じやすい心、豊かな情緒を相手に伝えてみてはどうでしょうか。「一人涙は、宝の持ち腐れ」ともいえるのですから。

心の壁を越えていく涙

ところで、涙のうちの最高のものは、人生の「ジグソー・パズル」がカチッとはまった瞬間に訪れるのではないでしょうか。悲しい映画を見たり、感動的な小説を読んだりして流す涙もいいのですが、それはあくまでも「借り物」。一生懸命生きて、いろいろ失敗して、あるときすべてのピースがそろった瞬間に、流れる涙がもっとも尊いのです。

思い出すのは、プロ野球で活躍した清原和博選手の涙。巨人ファンだった清原選手は、ドラフトで指名されるのを待ち焦がれましたが、高校の同級生の桑田真澄選手が代わりに指名された。悔しい思いを胸に、入団した西武でがんばった清原選手。そして、因縁の巨人との日本シリーズ第六戦。あとア

ウト一つで巨人を破って日本一、という場面になったときに、一塁の守備についていた清原選手は、万感胸に迫り、思わず号泣してしまうのです。

あのときの清原選手の涙は、本当に価値があったと思います。見ている私も、胸が熱くなりました。人生の感動が、人から人へと伝わる。やはり、涙は、苦労の末に流すのがいちばん尊い。そして、そんな涙は、心の壁を越えていくのではないでしょうか。

相談11

発達障害を脳科学ではどう考えるか

今大変問題になり、話題にもなっている発達障害ですが、脳科学的に治療方法というものを考えるとしたら、どのようなことが考えられるのでしょうか？

（高知県・女性・75歳）

誰でも必ず得意、不得意がある

大変重い、そして大切な問いです。この問題については、それぞれの専門家、お医者さんがいらっしゃいます。また、一人ひとりのお子さんに実際に接してみなければ言えないことも多いので、これから申し上げることは、あくまでも私の見解であり、その限りにおいて参考にしていただければと思います。

「うちの子は、だいじょうぶかしら。ちゃんと学校でやっていけるかしら?」。これは、多くの親御さんが一度は胸に抱いたことのある疑問でしょう。誰でも、自分の子どもはかわいい。幸せになってほしいと思う。一方で、無事にすくすく育っていけるかどうか、親や先生、周囲の人が不安に思うことがあるのは、人間の心として自然なことです。これから申し上げることで、少しでもそのような不安がやわらげばと、願ってやみません。

まず申し上げたいことは、「障害」という言葉は、科学的に言えば必ずしも適切な表現ではないということです。人間の脳には、多様な個性があり、それぞれの得意、不得意がある。何かができないからといって、それは必ずしも「障害」だとは限らない。むしろ、不得意なことのすぐ近くに、その人の得意なことが潜んでいることが多いのです。

「相対性理論」という、時間や空間に関する画期的な理論をつくり、ノーベル物理学賞を受けたアルベルト・アインシュタインは、二〇世紀最大の天才といわれていますが、5歳くらいまでほとんど言葉を話しませんでした。今日の診断基準からいえば、「学習障害」だったともいわれています。言葉の発達が遅かったという「マイナス」が、物事の本質を深く考えるという「プ

ラス」と結びついていたのでしょう。

他人の心を読み取るのが苦手な「自閉症」の子どもたち。予想できないこと、ふだんと違ったことも不得意です。ところが、一つのことに集中する力がある。中には、常人では考えられないほどの計算能力を持ったり、一度聴いた音楽を忘れなかったり、ひと目見た景色を後で絵に描いて再現できるなどの「サヴァン」と呼ばれる能力を持つ子どもたちもいます。ノーベル賞を受けるなど、大きな学問的成果を挙げた人もいます。

人間の脳には、誰でも、必ず得意、不得意がある。その点においては、「普通」だといわれている子どもでも同じである。そのように考えると、「発達障害」という表現は、必ずしも適切ではないのです。もちろん、重い症状があり、何らかの医学的な対策が必要なケースもあります。そのようなときでも、その子のありのままを、一つの個性として受け入れてあげることが大切だと思います。本来、「治療」という言葉もふさわしいとはいえないのです。「治療」して向かうべき、「普通」の脳の状態があるわけではない。「正解」はたくさんある。強《し》いて言えば、どれも「正解」だとさえいえるのです。

「みんな違ってみんないい」を本気で信じる

科学の発達とともに、脳がさまざまな個性を持つことが明らかになり、「発達障害」の診断がなされることも多くなってきました。その子の個性に合わせた学びや、他者とのかかわりの環境を用意してあげられるという点において、そのような診断を正確に下すことには、意味があるといえるでしょう。

その子の個性を正確に把握することは、親がいたずらに不安になったり、自分を責めたりすることを防止する効果もあります。かつては、自閉症の子

どもたちは「親の育て方が悪いから」そうなるのだといわれた時代もありました。「母親が冷蔵庫のように冷たいから」他人の心がわからない子どもになるのだ、というわけです。今日では、自閉症は脳の生まれつきの一つの個性だということがわかっており、その個性を活かす方法も、徐々に模索されています。科学的研究が、かけがえのない一度きりの人生に寄り添おうとしているのです。

その一方で、「発達障害」というラベルを貼ることで、困ったことも生じます。そもそも、脳の個性はさまざまな段階があり、全体として一つの「スペクトラム」（連続体）を成します。ここまでは正常だけど、ここからは障害であるというはっきりとした境が本来あるわけではありません。「こんな障害があります」とわかったからといって、その子がどこか特別な場所にいってしまうわけではないのです。

また、一人ひとりの子に合わせた学びの環境を用意するにしても、忘れてはいけないポイントがあります。それは、子どもたちが成長して出ていく社会は、結局は一つだということです。その子とは異なる個性を持つ人たち（その中には、「普通」といわれる人たちも入ります）と共存していく術《すべ》を見つけなければならないのです。

「発達障害」をどう考えるかということは、脳の個性にどのように向き合うかという問題であるともいえます。「みんな違ってみんないい」と本気で信じることができるかどうか。一見困ったことのように見える個性の中にも、思わぬ宝物が潜んでいるかもしれない。「宝探し」をするつもりで、辛抱強く一人ひとりのお子さんに寄り添っていくことが大切なのです。

相談 12

ハゲたら女性にモテないのか

僕はハゲています。若ハゲです。コンプレックスで自分自身つぶされそうになります。電車の中で「ハゲたらもうモテないよね」とかの声を聞くとげんなりします。茂木先生、僕はどのようにハゲをとらえていけばよいでしょうか。

（埼玉県・男性・32歳）

「若ハゲ」は成長の絶好のチャンス

わあ、大変ですね！

私自身は、今のところ髪の毛がありますが、将来はわかりません。薄くなったら、いっそのこと刈り上げか、そり上げにしようかな、などと冗談で言うこともあります。それにしても、32歳は、確かにちょっと早いですね。

まず、事実として、女性たちは、ハゲかどうか、そんなに気にしていないようですよ！　実際、関係ないという女性も多いです。大切なのは、人間的な魅力。中身が充実すれば、自然に、惹きつけられる女性も出てくるのではないでしょうか。

そして、そのような視点から見ると、「若ハゲ」は、実はチャンス！　ご

自身を人間的に成長させる、ある意味では絶好の機会だともいえるのです。

こんな研究があります。男性が何かを言って、女性が笑っているときには、女性は男性に好意を持っていることが多い。お笑い芸人がモテるのには、理由があるんですね。

では、なぜ、女性を笑わせることができる人は、モテるのか？　笑いは、不安や緊張をときほぐす魔法です。生きている中で、つらいこと、苦しいことは誰にでもある。笑いを通して、マイナスのエネルギーをプラスにすることができる。笑いのセンスがすぐれている人は、生きる力があるのです。

劣等感をユーモアのセンスで乗り越える

そして、すべての笑いの中で、もっとも価値があるのは、自分の欠点、ダメなところを乗り越える笑いです。誰にでも、劣等感はある。しかし、とらわれてしまっては、生きるリズムがこわばってしまう。そこで、あえて自分のダメなところを笑いにすることで、自由にもなれるし、生きるエネルギーも得られるのです。

欠点やコンプレックスは、それを隠そうとするほど他人に見えてしまいます。隠そうとすると、コミュニケーションがうまくいかなくなってしまうのです。逆に、自分から思い切って言ってしまえば、むしろ大きな人だと好感を持ってもらえる。

たとえば、カツラの人がいたとしましょう。それを隠そうとすると、周囲の人は気が気でない。風が強いときなど、今日はずれているんじゃないか、と気もそぞろになってしまう。当然、会話も不自然になります。

ところが、その人が、さばけていたらどうでしょう？　夏の暑い日に、喫

茶店で待ち合わせたとする。店の中に入ってきて、座ったとたんに、さっとカツラを外す。そして……。

「いやあ、暑い日には、カツラはつらいねえ。通りで外そうと思ったけど、我慢してきたんだよ。おしぼりちょうだい、おしぼり！（おしぼりで、ハゲのアタマを気持ちよさそうにふく）かーっ、たまらないねえ。うちわ貸して。（あおぎながら）あー、やっと汗が引いてきた。すっきりした（と言いながらカツラを再びのせる）。どう、だいじょうぶ？　ちゃんとのってる？　あっ、そう！　それで、この前の打ち合わせの続きなんだけどさ……」

こんな人がいたら、私たちは、この人は乗り越えている、さすがだ、と思うんじゃないでしょうか？

容姿や、家庭環境、学歴、社会的な地位。人間は、さまざまなことで劣等感を持ちます。劣等感のない人など、ありません。学歴があっても、それで

この程度かと思われたり、あるいは名家の出身でも、かえって親の七光《ななひかり》と言われて引け目に感じる人もいる。

だからこそ、劣等感をユーモアのセンスで乗り越えた人は、ステキに見えるのです。他人の欠点を笑うのは、最低です。どうせ笑うなら、自分の至らぬところ、劣等感をこそ笑いたい。そのような人は、他人の欠点に対して、むしろ優しい。

自分の劣等感を笑うことができる人は、他人の欠点に対する包容力があるのです。なぜならば、自分自身が、つらい思いを乗り越えてきたから。同じように苦しい思いをしている他人に対して、余裕をもって、温かい心で接することができる。

いかがでしょう？　このように考えてくると、若ハゲも、そんなに悪くない、と思えてきませんか？

電車の中で、「ハゲたらもうモテないよね」という心ない言葉を聞いて、げんなりする。そんなご自身の体験を、面白おかしく、ユーモアを持って語ればいいのです。こうやって、ご相談なさっている時点で、すでに一歩を踏み出しているように思います！

自分を、あたかも外から見ているかのように客観的に観察する脳の働きを「メタ認知」といいます。前頭葉を中心とするメタ認知の働きがなければ、自分の欠点をユーモアとともに語ることはできません。

若ハゲになってしまったこと自体は、残念かもしれませんが、メタ認知の階段を上がって、自分の劣等感を見つめ、笑いを通して生きるエネルギーに変えるチャンスであるともいえます。

最初は難しいかもしれませんが、少しずつ、チャレンジしてみてください。必ず、女性たちが「ステキ！」と目を輝かせるような、魅力的な人になると思いますよ！

相談13

「地球に優しく」という言葉の意味は何か

「地球に優しく」ってどういうことですか？　今まで地球に優しくしてこなかったんですか？　茂木さん教えてください。

（東京都・女性・18歳）

地球にできるだけ負荷をかけない

「地球に優しく」という言葉。最近よく目にしますね。地球温暖化が問題になったり、人口増加によって水やエネルギー不足が心配されるようになってから、この「地球に優しく」という言葉が、一つのスローガンのように繰り返し伝えられるようになりました。

「地球に優しく」という表現は、印象がとてもよいものに思われます。だからこそ、宣伝や広告などでも多用されます。政府や地方公共団体が主催するイベントなどでも、「地球に優しく」という言葉が、便利に使われている感があります。

一方で、ご質問をされた方のように、「地球に優しく」という言葉に、違

和感を抱いたり、疑問を持ったりする方もいらっしゃいます。私自身も、どちらかというとあなたの仲間です。そこで、「地球に優しく」という言葉の背景になっている時代の風潮や、私たちの感じ方、生き方について考えてみたいと思います。

まず、「地球に優しく」という言葉を、価値中立的に解釈すれば、それは、「地球にできるだけ負荷をかけない」という意味になるでしょう。人類は、人口を増加させ、文明を築き上げる中で、これまでよりも多くの資源を使い、土地を占有し、環境を汚染してきました。人類が存在することで、地球の気候までが変わってしまう。森林が失われて、多くの生きものが絶滅の危機に瀕《ひん》しています。

「地球に優しく」という言葉を、可能な限り地球に迷惑をかけない、環境に負担をかけない、という意味で用いるならば、それは意義があることといえるでしょう。「地球に優しく」を、甘い精神論と批判する人もいますが、だからといってエネルギーを浪費し、ゴミを大量に出し続けてもいい、ということにはならない。

人間が生きていること自体が、地球にとって迷惑だという考えもあります。きっとそうなのでしょう。だからといって、人類滅亡というわけにもいかない。私たちは、自分たちの命を大切にしていきたい。だから、地球に可能な限り迷惑をかけずに、生きていくこととしたい。

自転車や、家電製品など、文明の中で生きていく中で、ある程度エネルギーを使うことは仕方がありません。その利用の効率をできるだけ上げたり、環境の中にゴミを出さないようにすること、森林などの環境を守ることは、大いに有意義な「地球に優しく」だといえるでしょう。そのためにこれからの科学技術がある。

「人類に優しい」地球の大きな愛

一方、「地球に優しく」を、あたかも人類が地球の保護者であり、か弱き地球を私たちが守る、というような意味で使っているとすれば、それは思い上がりにほかなりません。確かに、人類は賢くなりました。技術を積み上げ、強くなりました。だからといって、「母なる地球」から独立できるほど、私たちは強靭《きょうじん》ではないのです。

東日本大震災は、大自然の脅威を私たちに知らしめました。人類がどんなに文明を築き上げても、地球には絶対に敵《かな》わない。私たちが日常を送っていられるのは、決して、文明の恩恵などではなく、地球環境がたまたま私たちの生存に適した状況にあるからです。その意味では、私たちが「地球に優しく」しているわけではなく、地球のほうが「人類に優しく」してくれているだけだといえるでしょう。

地球の歴史を見れば、しばしば大きな変動に見舞われていたことがわかります。たとえば、赤道に至るまで氷に覆われた「スノーボール・アース」（全球凍結）といわれる時期があったという説が、有力になっている。全球凍結が起こるメカニズムとしては、地球上の大陸の量、分布、大気の組成など、さまざまな要因が挙げられています。いずれにせよ、もし全球凍結のような事態になれば、現在の文明が維持できないのはもちろん、人類滅亡の危機に瀕することは明らかです。

全球凍結までいかなくても、氷河期や太陽活動の変化、火山の噴火、巨大隕石の落下、新しい病原菌の流行など、人類の生存を脅かす環境変化は、枚挙に暇《いとま》がありません。人類が「地球に優しく」というのは、せいぜい一時期の、

思い上がりにすぎない。むしろ「地球よ、どうぞ人類に優しくあり続けてください」と祈るような気持ちでいるのが、本当のところといえるでしょう。

実際、生きものの中に、「地球に優しく」などと考えているものは、一つもありません。みな、大自然の脅威と闘いながら、必死に生存している。いつから、人間は、自分が「地球に優しく」できるなどと、思い上がるようになったのでしょう。

もちろん、エネルギーをできるだけ効率よく使ったり、ゴミを出さないようにすることは重要です。それでも、もっとも大切で、尊いことは、地球に生かされているという感謝の心、謙虚な思いを忘れないことではないでしょうか。母なる地球に、もっと畏怖《いふ》の念を抱かなければならない。私たちは、「人類に優しい」地球の大きな愛に包まれて、かろうじて生かされているのです。

相談14

夕日を見ると癒やされるのはなぜか

夕日を見ると何ともいえない気分になり癒やされます。先生はいかがですか。

（愛知県・女性・19歳）

生命の本質は「変化」

確かに、癒やされますよね！

夕日を眺めて感傷に浸る、というのは、私が子どものころからごく普通にある発想でした。今よりも建物が少なくて、地平線が広かった、ということもあるかもしれません。

昔は、「青春ドラマ」というのが放送されていて、よくラグビー部員が「夕日に向かって」走っていました。部活の練習が苦しかったり、誰かが失恋したりすると、沈む太陽の方角にみんなで「わーっ」と駆けていった。毎回そのような場面があったわけではないし、実際にどれくらい放送されていたか確かめたわけではないのですが、そのようなイメージがありました。

夕日は、なぜ、人間の脳に特別な影響を与えるのでしょうか。一つには、それが見られる時間が限られている、ということがあるかもしれません。昼間の太陽だって、本当はずっと同じではない。時々刻々と高さが変わるし、雲がよぎったりする。それでも、夕日はやはり特別です。西にかかって、赤く染まってきたと思ったら、みるみるうちに姿を変えていって、やがて地平線に落ちていってしまう。

私たちは、ある限られた時だけに存在する何ものかを見ると、そこに「生命」そのものの姿を見ます。ご質問された方は19歳ということで、人生はまだまだこれからですが、私はすでに中間地点を過ぎました。時間というものは、すべての人に平等にたっていきます。誰でも、やがて老いて、死ぬ時が来ます。生命の本質は、「変化」。夕日を見て癒やされるのは、そこに私たちの命の似姿を見るからでしょう。

春になって桜が咲くのを見ると胸がいっぱいになるのも、そこに私たちの生命と同質の何かを感じるからです。つぼみがふくらみ、やがてほころびる。満開になったときには、すでに散り始めています。桜の花の盛りは短い。だからこそ、私たちはそこにかけがえのない生命の鏡を見るのです。

「癒やし」とは「全体性」の回復

脳の働きから見ると、「癒やされる」ということの本質は、「バランスを回復すること」「全体の調和を取り戻すこと」の中にあります。普段生活している中で、私たちの脳や身体の使い方は、どうしても偏る傾向がある。そこで、日常では触れることがないような何かに向き合うことで、もともと私たちの生命が持っていた「全体性」を回復する。これが、「癒やし」と呼ばれるプロセスなのです。

「癒やし」を得るには、ですから、日々の生活で自分に欠けているものを取り入れる必要があります。たとえば、都会で忙しく仕事をしている人は、自然の中でゆったりすることが「癒やし」になるかもしれない。逆に、田舎で自然に接している人にとっては、都会のホテルでのんびりと本を読むことが「癒やし」になるのかもしれない。つまり、「癒やし」とは、自分の身体に不足している「心のビタミン」を吸収することなのです。

「夕日」に癒やされるのは、そのように、時々刻々と変化してやがては消えていってしまうものが、現代人の生活において欠けているからかもしれません。文明は、すべてのものを「安定」して「確実」なものにしていきます。

時計はいつも正確な時を刻んでいる。コンビニに行けば、食べものが並んでいる。スイッチを入れれば電気がつく。そんな生活が当たり前になっている

私たちは、むしろ移ろいゆくもの、はかないものにあこがれる。生命が移ろいゆくものであることを思い出すことで、「全体性」を回復し、「癒やし」を得るのです。

このように、一時的で、すぐに消えてしまうものというところに夕日のよさがあるのですから、写真で撮ったりすることは、場合によってはその体験を妨げることになります。もちろん、日没の写真をねらっている場合などは別ですが、あえて写真で撮って携帯の

「待ち受け」にしたりはしないほうがいいのかもしれません。その場で消えてしまうとしても、「心のアルバム」に焼き付けるくらいがちょうどいいのではないでしょうか。

ところで、私は一時期、ある「まぼろしの夕日」を追い求めていたことがあります。「グリーン・フラッシュ」という現象をご存じでしょうか？　太陽が水平線や地平線に落ちるときに、屈折の仕方が光の波長によって異なるので、一瞬だけ太陽が緑に見えることがあるのです。よく晴れている日で、空気が澄んでいるなど、さまざまな条件がそろったときだけしか見ることができないので、「まぼろし」の現象といわれています。

中学生のころ、グリーン・フラッシュのことを雑誌で読んで、ひと目見たいと思いました。それ以来、太陽が沈みかけると、「今日は緑の閃光《せんこう》が見えないかな」と期待して目を向けますが、今のところ出会うことができません。

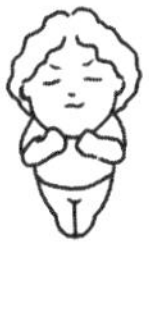

それでも、あきらめているわけではありません。何しろ、普通の夕日を眺めているだけでも、心が癒やされるのですから。

世界の地域によっては、グリーン・フラッシュを見ることができた人には幸運が訪れるという言い伝えがあるようです。常に移ろいゆく、二度とは戻らない私たちの人生。いつかは「グリーン・フラッシュ」に出会う日が来ることを夢見て、夕日を眺める心の余裕を持ちたいものです。

相談 15

芸術家に大切なことは何か

芸術家として大成したいです！　茂木先生、芸術において大切なことは何ですか？

（東京都・男性・22歳）

芸術で大切なのは「愛」

これは、とても難しい問いですね。「大切なこと」は何か、一つだけ答えろと言われれば、私の中では明確です。それは「愛」。

その人が、どれくらい「愛」を自身の中に育んでいるか。これは、芸術家として大成するための、十分条件ではないにせよ、必要条件ではあります。つまり、愛のない人は、芸術家として偉大なことはできない。逆に言えば、歴史に刻まれるような作品を残した人は、例外なく、大きな愛を抱いていたのではないでしょうか。

「愛」を育む条件とは、自分から離れることです。「愛」というと、どうしても「自己愛」から入ってしまう。とりわけ、芸術家と自称する人、芸術家を志《こころざ》す人には、自己愛の傾向が強い。自分が誰よりもかわいい。自分を表現したい。それは一つの創作への動機づけにはなりますが、自己愛に基づく表現は、あまり遠くまで行くことができません。

相対性理論を生み出して物理学に革命をもたらしたアルベルト・アインシュタインは、「ある人の価値は、何よりもその人が自分自身からどれくらい自由になっているかで決まる」という意味の言葉を残しています。アインシュタインは見事にバイオリンを弾き、モーツァルトの音楽を愛しました。「死とは、モーツァルトの音楽が聴けなくなることである」とさえ言ったほどです。アインシュタインの言うように、芸術家の価値は、何よりもその人が自分自身からどれくらい自由になっているかで決まるのだと私は思います。

これは、よくよく考えてみるべきことです。私は、芸術大学で教えた経験がありますが、アーティスト志望の学生の中には、自己愛の強い者、もっと

はっきり言ってしまえば「ナルシスト」がしばしば見かけられます。そういう学生には、「できるだけ、自分から離れて考えてごらん」とアドバイスすることにしています。自分がかわいいのはわかる。しかし、そのかわいい自分から一度思い切り離れてみて、他者を見つめなければ、本当によい作品は生み出せないし、自分のためにもならないんだよ、と。

✧「自己愛」ではない「人類への愛」

自分から離れて、もっと大きな人類への愛を抱いていた人として、私が真っ先に思い浮かべるのは夏目漱石です。漱石は、明治時代にロンドンに留学したエリートでした。当時の風潮からすれば、自分は選ばれた者だと誇りに思っても仕方がない。しかし、漱石は、そんな自分をむしろ否定する方向に

心を働かせました。
むしろ、漱石には、ヨーロッパに追いつけとしゃかりきになっている日本の浅さが見えていた。そのうちに、そんなやり方には限界が来ると思っていた。実際、漱石が予期したとおりになったわけですが、そんな明治の文脈の中で、「洋行帰りでございい」と威張ることを潔《いさぎよ》しとしなかった。だからこそ、博士号授与の申し出も辞退し、時の首相が名士を呼んで開いた宴《うたげ》への出席も断ったのです。そのような自分に対す

る厳しさと、漱石の小説の素晴らしさは、深く関係していると私は思います。

漱石が、自分を立派なものだとは決して思わなかったということは、次のようなエピソードからも知られるでしょう。漱石の弟子で、ユーモアにあふれた随筆『阿房列車《あほう》』などの数々の名作を残した作家の内田百閒《うちだひゃっけん》は、師と仰ぐ漱石の書を大切に持っていました。漱石は、それが気に入らない。代わりのものを書くから持ってこいと百閒に命じたのです。そして百閒が見ている前で、漱石は自分の書をずたずたに引き裂いてしまった。そのときのことを百閒が書いています。この激しさ。厳しさ。百閒としてみれば、どんなものでも、漱石の書いたものだったらそのままとっておきたかったことでしょう。それを許さなかった。このあたりに、私は、漱石の肝がひんやりするような自己認識と、その偉大さの起源を見ます。

芸術家は、下手をすれば簡単に甘やかされてしまいます。最初は、あなたの友人や家族が、「うまい」「感動した」とほめてくれる。しかし、そこでいい気になって慢心してしまうと、自己愛ゆえに目が曇ってしまう。どんなに成功しても、自分から離れて、他者を愛し続けなければならない。そのことがもしできる覚悟があるならば、どうぞ、芸術を志してください。

こんな話もあるのです。骨董《こっとう》の世界なのですが、昔の焼きものは何ともよい。同じ土という材料を使っていながら、現代の人が作るものでは、どうしても同じ味が出ない。

なぜなのか？　作家の自己認識が邪魔をしているというのです。昔の人は、自分が自分がと押し出す気持ちがなかった。だから、無心ですぐれた作品を生み出せた。今の人は、無心になろうとしても、何しろ時代が功名心を煽《あお》るようになっているから、同じようなものができなくなってしまったというのです。

難しいですね。自分を離れることは、誰にとっても簡単ではありません。しかし、もし芸術が「無私」を目指す営みであるならば、素晴らしい芸術家になることは、よき人間になるのと同じことのはずです。

相談16

科学者になるためにはどうすればいいのか

僕は科学者になりたいです。ただ、覚えが悪くて、頭の回転も人より悪いみたいです。明らかに頭がいい友達とは違うように感じます。そんな僕は科学者を目指していいのでしょうか。茂木先生、教えてください。

（大阪府・男性・10歳）

科学者になりたい意思・願い

ご質問、ありがとうございます。

まず、「覚えが悪い」とか、「頭の回転が悪い」とか、そういうことは、きっとないと思うし、あまり気にしないほうがいいよ。10歳ということだけれども、君の文章は、とてもよく書けているし、気持ちも伝わってきます。だから、きっと、君は頭がいい人なのだと思います。

そもそも、偉大な科学者は、必ずしも学校の成績がよかったわけではありません。「相対性理論」をつくった、二〇世紀最大の天才、アルベルト・アインシュタインは、学校の成績は決してよくありませんでした。大学の入試にも失敗して「浪人」しているし、先生には「怠け者」で「将来見込みがない」と言われました。

その先生は、アインシュタインが後に「相対性理論」で科学の世界を革命したときに、「あのアルベルト君が！」とびっくりしたということです。君だって、そのうち、先生をびっくりさせることができるかもしれません！

何よりも大切なのは、「科学者になりたい」という意思・願いです。ぼくも、君くらいのときから、将来は科学者になりたいと思って勉強していたんだよ。そうそう、アインシュタインの伝記を読んで感動したのがちょうど君くらいの年齢のときでした。アインシュタインの伝記、君も読んでみたらどうかな。

必要なトレーニングは「統計学」

ところで、科学者になるためには、科学的な考え方、というものを身につ

けなければなりませんが、これは、とてもよいことなのです。というのも、科学的な考え方というのは、たとえ、科学者にならなかったとしても、人生で必ず役に立つものだからです。だから、たとえ最終的には科学者にならなかったとしても、科学的な考え方を身につけることはとてもよいことなんだよ。

世の中には、さまざまなことを信じる人たちがいます。たとえば、「ラッキーカラー」といって、幸運を呼ぶ色があると思っている人たちがいます。占いなどで、「今日のラッキーカラーはピンク」などと書いてあるのがあるよね。

現代の科学は、基本的に占いに意味があるとは考えていません。一方で、最初から無意味であると決めつけるのも、実は科学的ではないのです。そして、科学は、占いに意味があるかどうかを確かめる方法を持っています。それが、科学的な考え方です。

「今日のラッキーカラーはピンク」というのが本当かどうか、科学的に確かめるためには、たとえばこうします。何人かの人に集まってもらって、二つのグループに分けます。一つのグループには、ラッキーカラーであるピンクのものを何か一つ（Tシャツでも、バッグでも、鉛筆でも、携帯のシールでもいい）身につけてもらいます。もう一つのグループは、ピンクのものを身につけないようにします。

二つのグループの人たちが、それぞれ一日の生活をした後で、夜眠る前に、一日でどれくらい幸運なことがあったかを、評価してもらいます。幸運なことというのは、素敵な出会いがあったということでも、クジに当たったというのでも、乗り換えのときに電車にうまく乗れたというのでもいいのです。どのように評価するかは、あらかじめ決めておきます。

このようにして実験をして、ラッキーカラーを身につけたグループと、つけていなかったグループで、一日のうちに出合った幸運なことの数に、差があるかどうかを確かめます。この「差」を確認するためには、「統計学」というものを使わなければなりません。君が、将来科学者になるために必要なトレーニングのうち、もっとも大切なものの一つが、この「統計学」です。

実験の結果、「統計学」を使って、ラッキーカラーを身につけた人のほうが、幸運なことに出合う確率が高いということが示されて、初めて、占いには意味があるかもしれない、ということになります。もっとも、ラッキーカラーに効果があるとしても、それがどうしてか、ということを確かめるためには、また実験をしなければなりません。どんな実験をしなければならないと思いますか？　少し、考えてみてください！

生きる「真実」世界との対話

この例からわかっていただけたかと思いますが、科学は、宇宙や生命の神秘、脳の仕組みなど、特定のことだけを考える営みではないのです。むしろ、生きる上で大切なさまざまなことに、科学的な考え方で迫っていくことができるのです。だから、科学を志《こころざ》した人は、人間として、よりよく生きることができます。生きるということの「真実」に、それだけ近づくことができるのです。

もう一つ、科学の素晴らしい点は、世界中の人と対話できることです。私も、年に何回か海外の学会に行きますが、国や言葉に関係なく、科学のことについて議論できます（もちろん、英語はできないといけないのですが）。

科学に、国境はありません。君が、科学を志して、もし将来科学者になったら、地球は一つであるということを日々実感できるはずです。

思い切って、科学者を目指してみませんか？　まずは日々の学校の勉強を大切にしてください。そして、「なぜ、どうして」という疑問を、大切にしてください。

相談 17

就職を決めるにはどうすればよいか

先生、就職が決まりません。自分の能力のなさに辟易《へきえき》しています。就職するためにはどうすればよいでしょうか。自分のプライドを捨てたほうがよいのでしょうか。

（神奈川県・男性・22歳）

根拠のない自信を持つ

就職活動、大変ですね。お気持ち、とてもわかります。働きたいのに、なかなかその場を得ることができない。試験を受けたり、面接に通ったりしても、「内定」が出ないということが続くと、そのうちに、自分には価値がないのではないかとか、将来は暗いのではないかとか、いろいろ不安になってくるものですよね。

まず、明けない夜はないと、希望を持ってください。人間の脳は、楽観的でないと、うまく機能してくれません。「根拠のない自信」を持つことが大切です。面接に臨むときでも、「またダメかもしれない」と思っていると、そのことが相手に伝わってしまう。逆に、「やるぞ、絶対受かるぞ」と前向きの気持ちでいると、相手は、「この人はなぜこんなに自信があるのだろう。何か、理由があるに違いない」と興味を持ってくれるものです。

一般的に、脳は、将来のビジョンを明確に持って、それが実現するように小さな努力を続けるときに、いちばん力を発揮するものです。職を得て、一生懸命働いている、そんな自分を想像して、日々暮らしていると、不思議なことにそうなる確率が上がってきますよ。

最大の欠点の近くに最大の長所

「自分の能力がない」と嘆かれていますが、そんなことはないと思います。

そもそも、人間の脳は、隠れている能力がたくさんあって、自分でもそのことに気付かないことが多いのです。

自分の最大の欠点の近くに、最大の長所があるかもしれない。そんな視点から、ご自身を見つめ直してみてください。たとえば、融通が利かない、ガンコであるというような欠点があるとしたら、それは、一つのことをコツコツとやっていくという粘り強さという長所と一体となっているかもしれない。人付き合いが苦手、という人は、実は細かいところに気付く、豊かな感受性を持っているのかもしれない。

人間の個性は一人ひとりかけがえのないもので、偏差値だとか、試験の点数だとか、そんなもので測ることなどできません。私の友人で、今、美術の世界で国際的に活躍しているある男など、高校のとき、偏差値が四〇だったそうです。平均点のはるか下。それでも、自分の興味や個性を伸ばしていったら、いつの間にか英語をぺらぺら喋《しゃべ》って世界を渡り歩く人になりました。

自分自身のいちばんの「ファン」になることができるのは、自分自身。そのためには、よいところも悪いところもわからなければならない。ぜひ、就職活動という貴重な機会をきっかけに、ご自身を見つめ直すことをおすすめいたします。

生活のために働くことは誇り

「自分のプライドを捨てたほうがよいのでしょうか」ということですが、とても大切な問いですね。この点について、私が感じていること、考えていることをお話ししたいと思います。

自分のやりたいことと、世間で「職」として存在していることは、なかなか一致しない。これが、多くの方々の実感ではないでしょうか。自分にはこういう職業が合っている、こういう仕事をしたいと思っても、世の中にそう

簡単にはぴったりの求人がない。自分には合わないのではないかと思えるような職種だと、求人があったりする。「プライド」とは、自分が自分であることを大切にするということです。誇りがないところに、成長はありません。その意味では、自分が自分であることが大切にできるような、そんな職場に恵まれるのは、素晴らしいことです。

一方で、こうも思うのです。「自分はこうだ」という認識が、思い込みの場合もある。人間は、異なる環境に置かれれば、いくらでも適応することができる。その中で動き、感じ、周囲の人々とやりとりする中で、成長していくことができる。

「生活のために働く」。私は、これは素晴らしいことだし、誇りに思うべきことだと思います。仕事は、「自分探し」の手段ではない。働いてお金をいただき、生きる。これは人間としての生存の基本であり、過去の歴史の中でも、私たちの祖先が、延々とそれを続けてきたからこそ、私たちは「今、ここ」にいることができるのです。

「眼《がん》窩《か》前頭皮質」を中心とする前頭葉のネットワークは、その時々の状況に合わせて、脳のさまざまな回路の働きを調整し、学ぶことを促します。自分には向いていない、と尻込みなどせずに、思い切って飛び込んでみてはいかがでしょう。もし、どうしても合わなかったら、辞めてまた探せばいい。一方で、考えもしなかった働くよろこびが待っている可能性もあります。あえ

て、「自分はこうありたい」という「プライド」を捨ててみるのも、一つの考え方です。

私が尊敬する大先輩の養老孟司先生は、常々、「仕事とは、世間に空いている穴を埋めるような作業である」とおっしゃっています。自分らしくありたい、という希望を抱くことは大切ですが、それがかえって足かせになることもある。

世間で必要とされている仕事には、一つとして無駄なものはありません。その「穴」を埋めようと努力する中で、脳は成長するし、新しい自分との出会いもあるかもしれないのです。

相談18

経済をどう考えるか

経済学者の人たちが、財政再建、景気回復、雇用創出などで、さまざまなことを話しています。「緊縮財政だ」と言う人もいれば、「財政出動すべき」と言う人もいます。また「金融緩和だ」と言えば、「金融引き締め」とも言います。何がよいのかわからなくなります。経済はどのように考えるべきなのでしょうか。

（東京都・男性・23歳）

経済は不良設定問題
結論は見えないもの

ご質問、ありがとうございます。大変核心をついた、またタイムリーなご質問ですね。

経済についての議論は、はっきりとした結論が見えない場合が多いことは確かです。

たとえば、今、安倍晋三首相が進めている、大胆な金融政策、機動的な財政政策、そして成長戦略を柱とする「アベノミクス」。賛否両論があって、どちらが正しいのかわからない。円安になって、株価が上がったから効果がある、という主張もあれば、所得格差が増して、財政もより悪化すると反対する論者もいます。

もし、経済学が、たった一つの「事実」、ないしは「真理」を扱うのならば、答えは一つになっていいはずです。ところが、ノーベル賞学者を含む、経済学の専門家が集まって議論しても、結論が一致しないことが多い。これは、どうしたことでしょう？

これはつまり、問題自体が、一つの答えがあるのではなく、複数の可能性を許容してしまうからです。アベノミクスが日本経済にとっていいのか悪いのか、本当のところは誰にもわからない。これは、専門家の能力が足りないのではなくて、そもそも、問題の性質自体がそうだからです。

経済というのは、一つの複雑系です。財政や金融は、マクロ経済を左右する重要なファクターであることは間違いない。ところが、経済は、それだけで動いているのではありません。人間には把握しきれない、たくさんの要因

に影響を受けます。

経済を活性化させ、雇用創出に貢献する発明やイノベーションは、世間ではほとんど知られていない分野から出てくることも多い。たとえば、今や経済を考える上で欠かすことができないインターネットも、その黎明期《れいめい》にはごく一部の研究者だけが知るシステムでした。経済成長を呼び起こす次の種は今、世間の片隅でほとんど知られずに眠っているのかもしれません。

二〇〇一年の米国同時多発テロや、二〇一一年の東日本大震災のように、予想もできないような人災、天災が、経済に大きな影響を与えることもあります。国と国の関係が緊張すると、貿易や人の交流が阻害されます。時には、一国の指導者の健康問題が、景気に影響を与えることもある。つまり、経済に影響を与える要素が多すぎて、簡単には予想ができないのです。

きちんとした答えを出せるようなかたちの問いを、「良設定問題」と呼ぶことがあります。それに対して、そもそも、正確な答えを出すことが難しい問いは、「不良設定問題」といいます。不良設定問題が解けないのは、専門家の能力が低いからでも、誠意が足りないからでもありません。そもそも、問題の性質として、簡単には答えが出ないのです。

　ある経済政策をとると、景気がどうなるか、雇用がどう影響を受けるかという問題は、不良設定問題だということができるでしょう。もちろん、経済学の原理から、ある程度の予想はすることができる。しかし、その予想が当たるとは、限らない。経済学の理論が有意義であることはもちろんです。しかし、そもそも問題自体が不良設定なので、正確なところは、本当は誰にもわからないのです。

✧ 経済も人生も多様な意見があっていい

人生には、不良設定問題がたくさんあります。たとえば、子どものころから外国語をやるのがいいのかどうか、という問いです。早ければ早いほどいいと言う人もいれば、きちんと母国語を習得してから、と言う人もいる。脳科学的にどうか、と言えば、それぞれの学び方で、それぞれの脳ができると言うしかありません。

外国語を早くやるのがよいとも、悪いとも言えない。そもそも、外国語ができてもできなくても、どう生きるかはその人次第で、それこそ無限の可能性があるからです。

一般に、脳の働きを考える際には、何が認識できるか、理解できるかということと同時に、何が認識できないか、理解できないかということを把握しておくことも大切です。経済政策の当否や、人生の生き方のノウハウは、そもそも人間の脳が完全には認識できない、不良設定問題であるということをわきまえておくのがよいでしょう。

アベノミクスがよい結果をもたらすかどうか、本当のところは専門家でもわからない。安倍晋三首相はご自身のお考えでベストを尽くされているのでしょうし、反対する人には反対するだけの何かがある。どちらかが一方的に正しいわけでも、間違っているわけでもないのです。

むしろ、「どこかに正しい答えがあるはずだ」と頑《かたく》なに信じるほうが、脳の使い方としては問題があるのです。「自分が絶対に正しいと信じている人は、確実に間違っている」という格言もあります。

それぞれの認識や、世界観、価値観に基づいて、議論をすること自体はよ

いのです。同時に、自分が間違っている可能性を常に意識し、相手の意見に耳を傾ける謙虚さが大切なのではないでしょうか。

相談19

日本の教科書についてどう考えるか

私は教科書の副教材をつくっている会社に勤めていました。そのときに感じたのが、教科書検定制度の愚行です。茂木先生は教科書検定制度についてどのようにお考えですか？

（東京都・男性・37歳）

教科書の前提となる教育観と学力観

教科書の問題、大切ですね。未来を担う子どもたちが、どのような教材で育っていくのか。まさに、未来をつくる礎《いしずえ》になるのが、教科書。私自身も、重大な関心があります。

日本の教科書には、ご指摘の検定制度を含め、いくつかの問題点があると私も感じています。まずは、その点について私の考えを述べさせてください。

まずは、教科書をつくる上での前提になる、教育観、学力観です。日本では、すべての問題には「正解」があり、教育とは、その「正解」を教えるプロセスである、という観念が強いように思います。教科書も、このような教育観を反映して、子どもたちに「正しい」事実を教える、という前提でつくられているようです。このような考え方からは、教科書検定は、教科書の「正しさ」を保証する制度ということになります。しかし、このような考え方自体に問題があるのです。

たとえば、近隣諸国との間で時に軋轢《あつれき》を起こす、歴史教科書の問題があります。竹島は日本の領土なのか否か、尖閣諸島はどうなのか。あるいは、第二次世界大戦はどのようにとらえるべきか。日本では、一つの客観的な真実があり、その真実を教科書に記載すべきだという思い込みがある。このため、教科書の記述がいわば国の公式見解のようなものと見なされ、だからこそ検定結果が外交問題となります。

ところが、諸外国の教科書は必ずしもそのようにできていないのです。たとえば、英国の歴史教科書は、一つの解釈を「正解」として押しつけること

をしません。第一次世界大戦の原因は何か、資料をたくさん提示して、子どもたちに考えさせる。最後に、「戦争の原因は、ドイツの軍備拡張だという説があるが、あなたはどう思うか」という提題を示して、自分の考え方を述べさせるのです。

今日の世界は多様化しており、立場や背景によって、考え方、主張もさまざまです。そのような時代に必要とされるのは、教えられることを鵜呑《うの》みにするのではなく、自分の頭で考え、分析する「批判的思考」（クリティカル・シンキング）。日本の教科書と、英国の教科書のどちらがその醸成に適しているか、言うまでもないでしょう。

諸外国の教科書と比べた場合の日本の教科書の顕著な特徴は、その薄さです。アメリカの高校の教科書などは厚く、家に持って帰れないので、生徒は学校に置きっぱなしにしています。インターネットなどで、大量の情報に接して、そこから必要なことを編集、抽出する能力が求められている時代に、日本の教科書は薄すぎるのです。

なぜ日本の教科書は薄いのか。ここにも、検定制度が絡んでいると、私は推測します。つまり、検定にかかわる職員の処理能力に限界があり、そのことで、たくさんの内容を織り込んだ教科書をつくることが難しくなっているのではないかと思うのです。電話帳くらいの厚さがある教科書をつくろうとしても、その内容が「正しい」ことを検定しようとしていたら、とても追いつかなくなってしまうでしょう。

子どもたちに良質かつ安価なテクストを提供

このように、教科書検定制度は、さまざまな問題を抱えています。もちろ

ん、子どもたちの使う教科書が、まったく自由でよいとは思いません。国による、ある程度の「品質保証」は必要でしょう。その一方で、日本の子どもたちが、これからの世界で活躍するための資質を育むという意味において、現行の教科書制度が最良のものであるとも言い難いのです。

教科書を巡るこのような状況は、意外なかたちでも影を落としています。すなわち、公立と私立の間の「格差」の問題です。公立の学校は、各地の教育委員会との距離が近く、教科書に基づいて指導要領に沿った授業を行う傾向が強い。一方、私立の学校、とりわけ「進学校」と呼ばれる学校では、各教師が工夫した独自の教材を使う傾向があります。このため、子どもたちが受ける教育において、公立と私立では大きな差がついてしまうのです。

文部科学省の苦労も、わからないわけではありません。日本のさまざまな地域で、教育の水準を保とうと思ったら、ある程度の標準化、検定は必要なのでしょう。一方で、私立の学校に通う子どもたちが現に享受《きょうじゅ》している、工夫に満ちて多様な授業も、魅力的です。

日本の教育は、どうすればよいのでしょう？　改善への可能性は、教科書以外の教材にあるように思います。現状では、子どもたちに配布される紙の教科書は、文部科学省の検定が行われたものです。一方、それに加えて、授業で使われる資料やテクストに関しては、すべてを検定しなければならないという制約はありません。日本ではなかなか普及が進まない電子教科書も、検定教科書というスキームではなく、それ以外の資料という位置づけならば、現状でも導入は可能なようです。

鍵になるのは、子どもたちに良質のテクストを、いかに安価に届けることができるかということ。検定に賛成／反対といった立場の違いを超えて、国に頼らない教材づくりが必要な時代が来ているようです。

相談 20

領土問題はどう考えるべきか

竹島や尖閣諸島の問題。お互いに歩み寄り解決することが難しいように思います。私は国境など、このネット社会ではないに等しいと考えるので、両国の領土としてしまって、領土の考え方を変える絶好のチャンスかと思ったりします。茂木さんはいかがお考えですか。

（福岡県・男性・24歳）

科学的な立場から見てみる

領土問題は、とても難しいですね。主権国家として、領土を巡る紛争は、簡単には譲れない。その一方で、せっかく協調しながら発展してきた東アジア地域が、仲違《なかたが》いしてしまうのは残念にも思います。

そこで、科学的な立場から見ると、領土問題はどのように見えるか、ということについて今回はお話ししましょう。作家の村上春樹さんは、領土を巡る熱狂は、「安酒の酔いに似ている」と書かれました。ついつい、頭がカッカしてしまう問題について、少し距離を置いて、冷静に眺めることが必要だと考えます。

まず、自分たちが活動する「テリトリー」を巡って争うのは、人間だけの

ことではありません。動物たちは、餌《えさ》をとったり、メスを求めたりするために必要な空間を巡って、時に攻撃的な行動に出ます。動物行動学の研究でノーベル賞を受けたオーストリアのコンラート・ローレンツも、動物の攻撃性について研究しました。

テリトリーを巡る動物の行動については、いくつか興味深い事実が知られています。

まず第一に、群れで行動する動物については、隣り合う群れのテリトリーが重なり合う、「オーバーラップ・ゾーン」があるということです。それぞれの群れしか使わない地域があると同時に、両方の群れが行き交うエリアもある。そのような意味では、尖閣諸島、竹島は、それぞれ、日本と中国、日本と韓国の「オーバーラップ・ゾーン」であったということができるかもしれません。

オーバーラップ・ゾーンで隣り合う群れが出会うと、お互いを攻撃し合います。チンパンジーの場合は、相手を殺してしまう場合もあります。領土を巡って戦争をする人間も、同じようなものですね。領土紛争を巡る国際法では、どちらの国が「実効支配」しているかということが重視されます。過去の経緯とは別の話として、現在、どちらの国が実際にその地域を支配しているかが、重要な論点になるわけです。

似たようなことは、生きもののテリトリー争いにもあります。たとえば、ある種の蝶のオスは、メスを待ち構えるための縄張り争いをしますが、その際、最初からその縄張りにいたオスのほうが、勝つ確率が高いのです。後から来たオスは、負けてしまうことが多い。ところが、最初から縄張りにいたオスと、後から来たオスを人為的に入れ替えると、勝負の結果は逆転してしまうのです。

コオロギを使った研究では、最初から縄張りにいたオスが勝つ場合に比べて、後から縄張りに来たオスが勝つ場合には、二匹の間の「闘い」に使われるエネルギーがより大きいということが報告されています。つまり、現状を維持するにはそれほどエネルギーがかからないが、現状を変更して、「実効支配」している側を追い出そうとすると、よりエネルギーがかかる。「実効支配」が大きな意味を持つ、国と国との領土争いも、同じことですね。

領土問題は、「国」や「愛国心」といった、「大きな概念」と結び付きがちです。国としての「プライド」がかかっていると声高《こわだか》に叫ぶ人もいる。しかし、以上に見てきたように、領土問題は生物の世界では何ら特別なことではなく、多くの動物のテリトリー争いと本質的には変わりません。

理性を持って領土問題を考える

だからこそ、領土問題は根深いという言い方もできる。人間も動物なのだから、領土を巡って争って何が悪い、という方もいらっしゃるでしょう。そのような意見も、確かに一理あります。一方で、人間が、動物としての本能に加えて、「理性」を持った存在であるということも、忘れてはならないのではないでしょうか。

領土を巡って争うのは、確かに動物界に普遍的に見られる現象かもしれない。一方で、人間には、そのような本能を反省し、制御する力もある。領土問題について現代の国家がとるべき態度は、あくまでも理性的なものでなければならないと、私は考えます。

ところで、領土問題の顕著な特徴の一つは、「双方が、自分の立場が正しいと確信する」ということです。たとえば、竹島を巡っては、日本、韓国の双方が、それぞれ「竹島（独島）は自国の領土である」と「確信」している。脳科学的に言えば、これは、一つの「認知的限界」「認知的失敗」ととらえられる現象です。

私たち一人ひとりは、世界のすべてを把握しているわけではありません。だからこそ、私たちの認識することには「限界」があり、「失敗」することもある。お互いに相手の立場を認め合い、補い合ってこそ、素晴らしい世界をつくることができる。

民主主義が根付いた社会では、双方の認識が一致しないときには、粘り強く話し合って問題を解決していきます。領土問題は、関連する国の民主化度が低いときに先鋭化しやすいという研究もあります。日本は、成熟した民主主義の国であるはず。今問われているのは、異なる立場の人とも粘り強く対話していくという民主主義の原理を、グローバルな舞台で追求していくことではないでしょうか。

相談 21

人種差別をどのように考えるか

私は在日朝鮮人です。先日、私が住む大阪の鶴橋で、耐えられない言葉の数々を多くの人から浴びせられました。私はおばあちゃんに「ここで皆から信頼され、楽しく暮らすことが大事だよ」と教えられています。このような人種差別を茂木先生はいかがお考えになりますか。

（大阪府・女性・14歳）

文化的、民族的にも多様な国へ

ご質問、ありがとう！

そういうことを言われると、大変だし、傷つくよね。この問題について、ぼくはこのように考えます。

そもそも、現生人類は、アフリカで誕生したといわれています。十数万年前には、アフリカに、今の人類の共通の祖先の一人といわれる「イヴ」と呼ばれる女性がいたとされています。十数万年といえば、地球の長い歴史の中でいえば、ほんの一瞬のことです。そこから、地球の各地に人類が移動していった。そんな中で、中国、日本や韓国といった国が生まれてきました。

このように考えると、人類は「みな兄弟」であり、国の違いは、相対的な

ものにすぎないともいえます。そもそも、「人種」などといいますが、同じ「ホモ・サピエンス」という生物の種であることに変わりはありません。もっとも、その中での小さな違いに目くじらを立ててしまうのが、人間というものなのでしょう。

私は、日本は、文化的にも民族的にももっと多様な国になったほうがいいと思っています。そのほうが、日本という国のためにもなる。というのも、さまざまなバックグラウンドの人が平和に共存することこそが、今日においては発展のために不可欠な「文法」だからです。

たとえば、アメリカを見てみましょう。アメリカは、移民の力を非常にうまく利用しています。アップルの創業者、スティーブ・ジョブズのお父さんは、シリア人でした。インターネット検索大手のヤフーの共同創業者の一人は、台湾出身。動画配信のユーチューブの共同創業者の一人も、台湾人です。

インターネット検索大手のグーグルの共同創業者の一人は、ロシア生まれです。

このように、外国から来た人の力をうまく利用することで、アメリカは発展してきました。もともと、アメリカは移民の国ですが、それにしても、「純粋なアメリカ人」だけでは、あれだけの活力は生まれてこない。世界中から、「自由の国」アメリカを目指して多くの才能が集まってくるからこそ、成長し続けることができるのです。

もちろん、日本とアメリカでは、国の成り立ちが違います。何でもアメリカのようにすればよいというものでもない。それでも、世界にはいろいろなやり方の国があるのだということを確認しておくことは、有意義なことでしょう。

国籍に関するルールは、さまざまです。日本では、日本人の親に生まれた子どもが日本人になるというルールになっていますが、アメリカでは、アメリカで生まれた人は、アメリカ国籍です。ですから、ご質問者は、ご自身のことを「在日朝鮮人」と書かれていますが、アメリカの法律の精神でいえば、日本で生まれたのだから、日本人だということになる。

私自身は、国籍というものは絶対的なものではなく、それが果たしている機能でとらえるべきだと考えています。これからの時代においては、国籍に関するルールも、柔軟に変えていけばよいのではないかと思います。しかし、この点についても、私とは異なる考えの方がいらっしゃることもわかります。

凝り固まった考えにしばられる国は衰退

日本と朝鮮半島、中国の間には、いろいろとやっかいな問題があります。

しかし、過去のことばかり蒸し返していても、前に進めるとは思えません。竹島や、尖閣諸島の問題について、関係国が簡単に妥協することはないでしょう。しかし、だからこそ、自分たちが凝り固まった考えにとらわれていないか、常に振り返る必要があると思うのです。

歴史的に見れば、ある「純粋な」民族、「純粋な」文化という考えに凝り固まった国、地域は、必ずと言っていいほど衰退しています。いちばん典型的な例が、ナチスが支配していたころのドイツでしょう。ドイツ文化圏では、物理学のアルベルト・アインシュタイン、精神分析のジークムント・フロイトをはじめ、多くのユダヤ人が、すぐれた文化を生み出し、社会の発展の担い手になっていました。ところが、ナチスが、「アーリア人の優越」という、科学的には何の根拠もない、間違った考えを持ち込んでしまった。

ユダヤ人を排斥した結果、どうなったか。社会の多様で豊かな文化を生み

出していた土壌が、失われてしまいました。失われたものはあまりに大きく、かつては世界に多大な影響力を与えていたドイツ圏の文化力は、回復できないほどの打撃を受けてしまったのです。

同じ過ちを繰り返すべきではありません。私は、日本が、文化的な多様性を育む、豊かな国になってほしいと心から願っています。また、日本は、必ずそのような方向に進むものと、信じています。

ご質問者は、日本で生まれたわけですし、このように私とも日本語でやりとりしているわけですから、実質的には「日本人」に限りなく近いと私は思います。その上で、あなたが持っている民族的なバックグラウンドは、日本の多様性、豊かさに貢献する素晴らしい「贈り物」となります。日本で、そして、世界で、これからもぜひご活躍ください。未来は、きっと、明るいよ。

相談 22

インターネットとは何か

インターネットって不思議でたまりません。海外にいる人にもつながります。いろいろなことがその場でわかります。茂木先生、インターネットって何ですか？

（大阪府・男性・12歳）

大切なのは〝問いかけ続ける〟こと

まずは、インターネットのことを「不思議でたまりません」と言う、そのあなたの感性が素晴らしいと思います。ブラボーです。それは、一つの才能ですから、ぜひ、大切にしてくださいね。

みんなが、何の疑問も持たないことの前で立ち止まるのは、すぐれた科学者の資質ですし、また、科学以外でも、この世で生きていく上で大切な知恵につながることが多いのです。ですから、今や生活のすみずみにまで入り込んで、いわば日常的で、当たり前のものになっているインターネットについて、「不思議でたまりません」とつぶやくあなたは、本当に素晴らしい！

言葉の意味などについての深い考え方を著し、「二〇世紀最大の哲学者」

ともいわれるルートヴィヒ・ウィトゲンシュタインは、学生のときに、よく「不思議だなあ」という顔をしていたそうです。ウィトゲンシュタインの先生で、英国のケンブリッジ大学で教えていた数学者のバートランド・ラッセルは、自分が教えた学生の中で、ウィトゲンシュタインがいちばん優秀だった、と証言しています。その理由が、簡単には「わかった」というような顔をしないで、いつまでも「不思議だなあ」という表情をしていたからなのだそうです。

　これ、世間の評価と逆ですよね。世間では、往々にして、「わかった」「じゃあ、先に行こう」と、要領のよい学生を、「優秀」だといいます。でも、本当はそうではないのです。ラッセル先生は、数学や論理学の世界で歴史に残る業績を挙げ、またすぐれたエッセーを書いてノーベル文学賞を受けた方。そのラッセル先生が、いつも「不思議だなあ」という表情をしていたウィト

ゲンシュタインを、いちばん優秀だと言う。大切なのは、問いかけ続けることなのです。ラッセル先生だったら、あなたを、「君は優秀だ！」とほめてくださったかもしれません！

「不思議だなあ」の心こそ人生の〝宝〟

さて、「インターネット」ですが、確かに不思議ですね。コンピュータや、スマートフォンから、いつでもどこでも、世界中の情報にアクセスすることができます。海外にいる人とも、つながることができます。いったい、どうなっているのでしょう？

「インターネット」を支えているのは、コンピュータやスマートフォンを通してやりとりされる情報を、お互いに届けるための仕組みです。そのために、とても重要な考え方がいくつかあります。

まずは、「パケット」という考え方。電子メールを送るのでも、動画サイトでアニメを見るときでも、そのような情報は、すべて「パケット」という小さな単位に分けられてやりとりされています。いわば、「小包」のようなものですね。長い映画のデータも、小さな「パケット」の単位に分けて、お互いに送り合っているのです。

送るといっても、どこに届ければいいかわからなければ迷子になってしまいますよね。そのために、「アドレス」（住所）が用意されています。世界中のどこのコンピュータ、どのスマートフォンにも、必ず「アドレス」があって、最終的にはそこに届くようにできているのです。

ただし、届けるために使うルートは、最初から決まっているわけではありません。たとえば、アメリカにいるジョン君から、日本にいるあなたのコンピューターにメールを送るとします。ジョン君が「送信」すると、その情報は、最終的にはあなたのコンピューターに届きます。その際、最終的に目指すのはあなたのコンピューターの「アドレス」なのですが、その際に、どのような道筋を通るかは、その時々の通信状況などに応じて、臨機応変に変化するのです。

情報の単位である「パケット」を、「アドレス」に向けて、どのようなルートで送り届けるか。その方法を決めているのが、「インターネット・プロトコル」です。この「プロトコル」とは、ネットワークの上での情報のやりとりに関する、ルールのようなもの。どんなふうに、パケットをアドレスまで送り届けるか、その具体的な方法が、インターネット・プロトコルで決まっているのです。

以上、本当に簡単に、インターネットという仕組みの概略を説明しました。

すごいと思いませんか。今、この瞬間も、地球上をたくさんの情報が飛び交っています。人間ってすごいですね。そして、そのインターネットを「不思議でたまりません」と感じるあなたもすごいです。

ああ、そうか、と思うと、ますますたくさんのことが勉強したくなりますね。インターネットを使って、世界中の人とつながり、いろいろなことを調べたくなる。それと、あなたのように、インターネットの仕組みそのものも知りたくなる。

きっと、私の簡単な説明では、あなたはまだ、「不思議でたまりません」という顔をしているのではないですか。それでいいのです。学ぶことは、まだまだたくさんあります。ぜひ、興味を持ったら、インターネットの仕組みをいろいろと調べてみてください。知れば知るほど、不思議なことも増えていくはずです。

「不思議だなあ」と感じる心こそ、人生の宝。いつまでも、その気持ちを忘れないでいてくださいね。

相談23

「偉い人」とはどんな人か

僕は勉強よりも遊びが大好きです。でもお母さんから「勉強しないと偉い人になれない」と言われます。本当にそうなんでしょうか？　偉い人ってどんな人のことを言うんですか？

（神奈川県・男性・11歳）

時を忘れて集中することは役に立つ

愉快なご質問を、ありがとうございます。読んでいて、思わずにやりとしてしまいました。

11歳というと、小学校高学年。そろそろ、勉強も難しくなってくるし、中学校になったら、算数が数学になったり、英語も始まったりする。だから、お母さんも、「勉強しないと偉い人になれない」と心配するんだよね。

それでも、君は、「勉強より遊びが好き」だという。正直で、とてもいいと思います。こういう質問を、そのままストレートにできる君は、きっと素敵な少年なのだと思います。

君の言う遊びが、具体的に言うとどんなものかが気になります。普通に世間でいう遊び、たとえばコンピューターゲームとか、サッカーとか、野球だとか、そういうものなのでしょうか。そのような遊びだと仮定して、私の考えを述べてみますね。

まず、遊びをすること自体は、悪いことではありません。特に、自分でいろいろ工夫をして、遊びをすることは、新しいものを生み出す「創造性」や、他人との「コミュニケーション」の技術を磨くことにもつながって、脳にとっていいのです。

実際、勉強と遊びを両立させている人も多いです。遊びに熱中することが、勉強や仕事に役立つこともあります。むしろ、遊びで培った、長時間一つのことに集中する力が、後に人生の支えになることもあるのです。

一つ、興味深い例を挙げましょう。日本人の文化的な業績に対して、国家

が授与する最高の賞である「文化勲章」に輝いたある高名な学者の方とお話ししていたときのことです。その方は、子どものころから、将棋の駒を使った野球ゲームのようなものを考案していて、チームをたくさんつくってリーグ戦をしていたのだそうです。一人で、駒を振っては、ヒットだ、ホームランだとやっていた。大学院生のときに、結婚したのですが、奥さんに内緒でその野球ゲームをやっていた。そうしたら、ある日、試合結果がびっしり書かれたノートを奥さんに見つかって、怒られたというのです。

どうですか。愉快なエピソードだと思いませんか。大学院生になっても、将棋で野球ゲームをやる、というところが面白い。一人でルールをつくって、空想の試合をやって遊ぶのです。大の大人が、そんなことをするのが面白いでしょう。もっとも、奥さんが怒ったのも無理はありません。結婚した相手が働いて給料を稼がず、学生をしているだけでも不安なのに、将棋の駒を使った妙なゲームをやっている。一体、何の役に立つのか。普通に考えれば、意味がないように思えるでしょう。

ここが、人間の脳の面白いところです。他人から見ればよくわからないような、将棋の駒を使ったゲームに熱中するような人だったからこそ、その後、学問にも熱中して、文化勲章を受けられるほどの大家になられた。私は、そのように考えます。遊びをすることは決して、悪いことではありません。むしろ、そこでいろいろ工夫したり、時を忘れて集中することは、後に役に立つことも多いのです。

ちなみに、大学院生になっても将棋の駒で野球ゲームをされていたのは、梅原猛《たけし》さんという方です。日本の歴史や、哲学に造詣《ぞうけい》の深い、碩学《せきがく》。いくつも著作があるので、もし興味を持ったら、読んでみてください。君の世界が、一気に広がると思うよ！

✧ 偉い人とは、他人のために役に立つ人

さて、ここで大切なポイントがあります。遊びも重要だといっても、それは、勉強をしなくてもいい、という意味ではありません。梅原さんも、もし将棋の駒の野球ゲームばかりやっていて学問をしなかったら、大学者にもならなかったでしょうし、文化勲章も受けられなかったでしょう。大切なのは、遊びに君が注ぐ情熱やエネルギーを、うまく、勉強にも向けることなのです。

学校で勉強する内容は、将来社会に出たら役に立つこと、必要なこととして、大人たちが一生懸命に工夫して決めているのです。だから、今の君には、何のために勉強するのかわからないことがあったとしても、それは、必ず将来君を支えてくれるのです。

お母さんの言われる「偉い人」とは、他人のために役に立つ人だと思います。そして、他人のために役に立つ人になるためには、勉強をしなければならないのです。勉強をすれば、世界のことがわかります。社会の成り立ちを理解できます。何よりも、君自身を含め、人間とはどんな存在か、そのことがわかってきます。だから、勉強は大切なんだよ。

君は、もう、遊びに熱中することは知っているのだから、その気持ちを、

勉強に向けてみてください。君だったら、絶対に勉強を楽しむことができると思う。騙《だま》されたと思って、一日三〇分でもいいから、机に向かってごらん。そのうち、勉強することが、遊びと同じくらい楽しいと思えるようになったら、しめたものです。「偉い人」は、みんな、そうやって勉強を楽しんできたんだよ。

相談 24

孔子の素晴らしさとは何か

孔子の「論語」を読みました。孔子の考え方がすごいのは感じますが、その考えがあまりに深くて難しかったです。茂木先生、孔子の素晴らしさを教えてください。

（埼玉県・男性・21歳）

じっくり「論語」のことを考える

素敵なご質問、ありがとうございます。

まず、現時点で孔子の「論語」のことが気になっていて仕方がないということは、それだけ、あなたが孔子に惹《ひ》きつけられているからだと思います。人間の脳は、すべてを把握できなくても、「こっちに何かがある！」と直覚すると、それが気になって仕方がないのです。ですから、あなたは、もう、「論語」の世界に触れる準備ができているのです！

その一方で、「論語」の神髄《しんずい》に触れるのは、時間がかかるかもしれません。私自身の経験からも、そのように思うのです。

実は、私は、高校のとき「論語」が嫌いでした。その中で展開されている考え方が、あまりにも人間的で、一つの「常識論」のように思えていたのです。むしろ、老子や荘子のほうに惹かれました。そして、後に大学の法学部に行って弁護士になる私の親友と、教室の中でいつも口論していたのです。

「孔子なんて、人間のことを言っているだけじゃないか。それに比べて、老子や荘子の気宇壮大《きうそうだい》なことよ」

そんなふうに親友に言うと、彼は、「そうかなあ」と首をかしげていました。

「おれには、孔子のほうが好ましく思えるのだけれども」

私も彼も、お互いに譲りませんでした。思えば、孔子に盾突《たてつ》くなんて、なんと無知で、生意気な高校生だったのでしょう。そして、振り返れば、当時私はすでに無意識のうちに「論語」の思想に惹かれていたように思うのです。

不思議なことに、時がたち、社会の中での経験を積むに従って、私はだんだん孔子が、そして「論語」が好きになってきました。折りに触れ、その一

節がよみがえるくらいにさえなってきたのです。

きっと、「論語」の中の考え方は、人間としての経験を積み、修行を重ねて初めて実感できることが多いのでしょう。ですから、あなたが、現時点で「論語」が気になるというのは、素晴らしいことだと思います。これからの人生で、じっくり「論語」のことを考えるためのスタート地点に立っているということですから。

「孔子の人柄」と「本質的な洞察」

「論語」の魅力は、何といっても孔子の人柄にあるといってもいいかもしれません。おそらくは、孔子は、実際に会ってみると何ともいえずおおらかで、深く、そして忘れられない人だったのでしょう。だからこそ、その弟子、教えを引き継ぐ者が、師を偲《しの》ぶというかたちで「論語」が成立したのです。「論語」が今のかたちになったのは、孔子の死後、二〇〇年以上たってからだとも聞きます。そのような歴史的経緯に、私は深く感じ入るところがあるのです。ちょうど、今の私たちが、江戸時代に生きていた先人の言行をまとめているような感覚になる。それだけの時間を経て、孔子の人柄のイメージが熟成し、純化し、次第にはっきりとしたかたちをとっていったのでしょう。「論語」の中の孔子の人となりは、つまり、実在した一人の人物にリアルタイムで密着した「ドキュメント」というよりは、年月を経て、次第に、「ああ、孔子というのはこういう人だった」と懐かしく思い出される、そんな一つのイメージだということになります。そこには、もちろん、ある程度の「理想化」も含まれているでしょう。その一方で、実在した孔子とはまったく関係ない、ということもないでしょう。

21歳にして、「孔子の考え方がすごいのは感じますが、その考えがあまりに深くて難しかったです」と感想を書くことができるあなたは、そんな孔子の世界へのパスポートを手にしているといってよいのかもしれません。これから、長い時間をかけてじっくりと「論語」を読んではいかがでしょうか?

ところで、「論語」の中で私がいちばん好きな言葉は、「七十従心」です。「七十而従心所欲、不踰矩」（七十にして心の欲する所に従って、矩《のり》を踰《こ》えず）。まさに、「考え方がすごい」と思います。ある意味では、人間の一つの究極の理想像を描いているといってもよいでしょう。

70歳になったら、自分の心の欲する所に従っても、倫理的規範に抵触しない。「子曰《いわ》く、吾れ十有五にして学に志《こころざ》す。三十にして立つ。四十にして惑わず。五十にして天命を知る。六十にして耳順《したが》う」に続くこの一節は、本当に深く、味わいがあります。

自分の欲望を、我慢して抑えるのではない。心の従うままに、のびやかに、しなやかにふるまっても、自然に人間として従う「矩」を超えることがない。もしそんなふうになれたら、どんなによいことでしょう。ここには、人間の本質、人間が夢見ることについての、本質的な洞察があります。

私が「七十従心」の深い意味に気付いたのは、40歳を過ぎたときでした。地下鉄のホームにいて、突然、雷に打たれたようにこの一節がよみがえってきたのです。

「論語」は、読んだ後で、自分の中でゆっくりと育っていく書物です。あなたの中でもきっと、やがて根が張り、葉が茂り、花が咲くことでしょう。

相談 25

坂本龍馬の魅力とは何か

茂木先生は、坂本龍馬が好きということですが、坂本龍馬の魅力とは何ですか？

（岡山県・男性・15歳）

歴史を考えるとは「物語」を培うこと

ご質問ありがとうございます。こういう質問をする、ということは、あなた自身も坂本龍馬について興味を持っている、ということですよね？

坂本龍馬の魅力についてお話しする前に、一点、整理しておきたいことがあります。幕末の日本に、「坂本龍馬」と私たちが呼んでいる人物が実在したことは、間違いないでしょう。また、日本の近代化にあたって、この人物に大きな功績があったことも確かでしょう。

その一方で、私たちが今抱いている「坂本龍馬」という人物のイメージが、すべて客観的な歴史的事実であるかどうか、ということはわかりません。歴

史というものは、一度起こればそれでおしまい、というわけではなく、徐々に「育って」いくものです。司馬遼太郎さんをはじめとするさまざまな作家の方が、坂本龍馬という人についての物語を書き、それがドラマや映画になることで、人々の間に「坂本龍馬」という人物像が育まれていったのです。

これは、日本だけのことではありません。たとえば、フランス語では、「歴史」と、「物語」は、同じ「イストワール」という言葉で表されます。歴史を考えるとは、すなわち、私たちのなかに一つの「物語」を培うことでもある。

このことを確認した上で、私たちが今では共有している「坂本龍馬」という人物の魅力について、考えていきましょう。

束縛から離れて新しい日本を切り開く

坂本龍馬の魅力に迫るためには、まず、私たちが住む現代の日本の社会がどのようなものか、ということを振り返るのがいいと思います。

質問してくださった方は、今15歳ということですから、自分の将来のことについて、いろいろと思いを巡らせていることでしょう。その際、大人もいろいろアドバイスをくれると思いますが、人生の先輩たちのアドバイスは、どうしても、「安全運転」になりがちです。

「勉強しなさい」「どうして?」「勉強しないと、いい学校に入れませんよ」「どうしていい学校に入らなければならないの?」「そうしないと、いい会社に入れないから」

全国の多くの家庭で行われている、このような会話。前提になっているのは、「いい会社」という「組織」に所属して、「肩書」を持つことに価値があるという発想です。

江戸時代の日本も、実はそうでした。ところが、坂本龍馬は、発想を変えた。竜馬のふるさと、土佐（現在の高知市）の郊外に、和霊《われい》神社という小さな神社があります。坂本龍馬は、28歳のときに、この神社に参拝し、仲間たちと杯《さかずき》を交わして、「吉野に桜を見に行く」と言って脱藩していきました。「脱藩」、すなわち、龍馬が所属していた土佐藩を離れることは、今の日本で会社を辞めることに比べてはるかに重い意味を持っていました。本人が罪を問われることはもちろん、家族や親戚にもその責任が及ぶ可能性があったのです。それでも、龍馬が脱藩を決意したのは、当時の日本がそれだけ行き詰まっていたからです。

「組織」や「肩書」にこだわっていたのでは、新しい日本を切り開くことができない。むしろ、そのような束縛から離れて、一人の人間として自由に動いたほうが、意義のあることができる。龍馬は、そのように考えたのでしょう。

脱藩してからの龍馬の活躍は、めざましいものでした。当時、幕府の要職にあった勝海舟に会いに行き、親しくなります。龍馬のように「脱藩」してきた者たちを集めて、日本で初めての貿易商社、「亀山社中」（後の「海援隊」）を組織します。

龍馬の最大の功績といえば、新しい日本を切り開く中心的な勢力でありながら、対立していた薩摩（現在の鹿児島県）と長州（現在の山口県）を結び、「薩長同盟」を成立させたことでしょう。まさに、龍馬自身が人と人とを結ぶ「補助線」となることで、日本の歴史の新たな扉を開いたのです。

大人になるとわかりますが、一口に「組織」や「肩書」に頼らないといっても、実際にはなかなか難しいものです。どうしても、「寄らば大樹の陰」「長いものには巻かれろ」とばかりに、大きな組織に頼りたくなる。人間は弱い存在です。自分に肩書があると安心したり、他人をその地位で判断してしまったりする。

若き日の坂本龍馬が、和霊神社に参拝し、脱藩するために広い世界に通じる道を駆けていった、そのときの不安、心細さを想像してみてください。思い巡らせることが、きっと、あなたを育ててくれます。

これからのあなたの長い人生で、ひょっとすると、坂本龍馬のように、組織から離れて自分でやってみよう、ということがあるかもしれない。あるいは、あなたのお父さんやお母さん、お友達が、そのような決断をされるかもしれない。そんなとき、坂本龍馬が、脱藩のとき、どんなに不安だったか、思い出してください。坂本龍馬の最大の魅力は、まだ何者になるかわからないままに、脱藩の道を駆けていった、若き日の姿の中にこそあるのです。

カバーデザイン　八幡清信（ＯＩＣＨＯＣ）
本文デザイン　小林正人（ＯＩＣＨＯＣ）
本文イラスト　植田　工
帯写真　稲治　毅

茂木健一郎（もぎ・けんいちろう）

東京都生まれ。脳科学者。理学博士。理化学研究所、ケンブリッジ大学を経て、ソニーコンピュータサイエンス研究所シニアリサーチャー。『脳と仮想』（新潮社）で第４回小林秀雄賞、『今、ここからすべての場所へ』（筑摩書房）で第12回桑原武夫学芸賞を受賞。著書に『脳内現象』（ＮＨＫブックス）『挑戦する脳』（集英社新書）など多数。

脳《のう》科《か》学《がく》者《しゃ》・茂木健一郎の人《じん》生《せい》相《そう》談《だん》
２０１４年３月16日　初版第１刷発行

著者　茂木健一郎
発行者　大島光明
発行所　株式会社　第三文明社
東京都新宿区新宿１−２３−５
郵便番号　１６０−００２２
電話番号　０３（５２６９）７１４５（営業代表）
０３（５２６９）７１５４（編集代表）
振替口座　００１５０−３−１１７８２３
ＵＲＬ　http://www.daisanbunmei.co.jp/
印刷所　図書印刷株式会社
製本所　大口製本印刷株式会社

ISBN 978-4-476-03325-0